Simons gute Gedanken

- BAND 2 -

von

Simon Dost

Simon Dost

Simons gute Gedanken

Band 2

Halleluja! Die Hoffnung stirbt niemals

Impressum

Autor: Simon Dost
Unterstützt von: TIME-VISIONS, Adrian Muff

Bibliografische Information der Deutschen Nationalbibliothek:
Die Deutsche Nationalbibliothek verzeichnet diese Publikation in
der Deutschen Nationalbibliografie; detaillierte bibliografische
Daten sind im Internet über http://dnb.dnb.de abrufbar.

Verlag: BoD · Books on Demand GmbH, In de Tarpen 42,
22848 Norderstedt
Druck: Libri Plureos GmbH, Friedensallee 273, 22763 Hamburg

ISBN: 978-3-8391-3093-3

I N H A L T

KAPITEL 1

KAPITEL 2

KAPITEL 3

KAPITEL 4

KAPITEL 5

WARUM ICH DIESES BUCH SCHREIBE

Dieses Buch zu schreiben bedeutet für mich alles, denn es ist eine **Herzensangelegenheit** für mich geworden. Wir leben in einer Zeit ohne echten Glauben! Menschen haben zu sehr Angst um ihre Zukunft und keine wirkliche Hoffnung. Dabei steht jedem einzelner Mensch diese zur Verfügung. Es liegt allein an unser selber, ob wir diese haben wollen oder nicht. Oftmals ist es nur ein Gebet davon entfernt. Wir müssen begreifen, dass wir solange wir Leben alles selbst in der Hand haben, wo unsere Reise hingeht. Sprich wo unsere Seele, die ewig lebt, nach unserem Tod hinwandert. Wir können es lenken in dem wir uns für die Liebe also für Gott, oder uns gegen die Liebe und somit gegen Gott, entscheiden. Jesus ist der Weg, die Wahrheit und das Leben. Niemand kommt zum Vater als nur durch mich also durch Jesus. Wer mich gesehen hat also Jesus, der hat den Vater gesehen. Jesus hat es vorgelebt und hat immer nur in Liebe gehandelt. Allen Menschen die er begegnet war, hat er mit Liebe und Respekt behandelt. Alle gleich. Egal ob es Kinder, Frauen oder Männer waren. Alle Menschen hat er gleich viel geliebt. Jesus hatte als einziger ein Perfektes Leben geführt, dass wir durch Jesus gerettet, werden, wenn wir seine Liebe annehmen und ihn als unser Retter und Erlöser annehmen. Alle Menschen sind Sünder. Kein Mensch ist perfekt. Wir müssen nur Ja sagen.   Jesus als Vorbild nehmen und Menschen helfen, die Hilfe benötigen. Oder Aufbauen, wenn sie am Boden sind. Gutes tun und immer in Liebe handeln. Denn Gott ist Liebe. Die Liebe führt zu Gott und unserem Vater. Das ist die Botschaft und Messages. Die liebe des Vaters anzunehmen.

Ich selbst Glaube seit ungefähr 10 Jahre und das hat mein Leben auch positiv beeinflusst. Irgendwie klappt alles was ich mir vorgenommen habe. Zum Beispiel eine eigene CD aufzunehmen, oder ein Buch zu schreiben. Aber auch beruflich, dass es immer noch nach 17 Jahren Spaß macht und man Freude am Arbeiten hat, weil man immer wieder neue Menschen kennenlernen darf und jeder Mensch einen selbst doch irgendwie weiterbringen kann. Das man jedes Mal neu inspiriert wird oder sich selbst weiterentwickeln kann. Vorausgesetzt man ist bereit dazu an sich selbst zu Glauben.

Dieses Buch soll allen Menschen dienen und behilflich sein, die auf der Suche nach Sinn und Erfüllung sind, dass es nur bei Gott gibt. Es sind viele Themen angerissen und man kann da anfangen, wo man will. Vorne beginnen, hinten oder in der Mitte. Das Buch soll die Augen öffnen und ist mit Liebe und Hingabe geschrieben. Jeder Mensch auf dieser Erde soll Zugang zum Leben haben und es ist nicht zu spät, damit anzufangen und Gott zu suchen. Niemand soll Angst haben, denn Gott will nur das aller Beste für unser Leben haben. Denn wir alle sind seine Kinder und wer in Liebe handelt und sein Sohn Jesus annimmt und ihn als Vorbild nimmt und sieht, der oder diejenige hat das große Los gezogen. In diesem Sinne viel Spaß beim Durchlesen und

Ausprobieren! Denn, dieses Buch kann und wird auch Dein Leben positiv verändern, wenn du bereit dazu bist und es auf Dich wirken lässt. Denn Gott liebt Dich über alles und er möchte eine Beziehung mit dir führen, denn er liebt Dich Bedingungslos einfach so, weil er dich erschaffen hat. So wie du bist, bist du gut, schön und perfekt genug!

Wem ich das Buch widme!

Ich widme dieses Buch an allen Menschen, die immer zu mir gehalten haben. Meiner Familie und Freunden, die mich unterstützen wo es nur geht. An allen Menschen, die immer positiv denken und sich von nichts aber auch von niemanden herunterziehen lassen und immer für ihre Mitmenschen da sind, ganz egal zu welcher Uhrzeit. An allen Menschen, die sich ehrenamtlich und sozial engagieren in welcher Funktion auch immer. An allen Leser/innen, die sich die Zeit nehmen mein Buch zu lesen. Und natürlich zum Schluss an Jesus Christus, der für unserer Sünden und mich gestorben ist und immer an mich geglaubt hat und mich seelisch wie moralisch immer unterstützt hat. Vielen herzlichen Dank an alle. Mögen alle Menschen, die das Buch in ihren Händen halten, Glück und Gottes Segen bringen! Ein besonderer Dank geht an Marko Vukicevic, der mich erst zum Glauben gebracht hat und mich immer wieder ermutigt im Glauben dran zu bleiben und zu wachsen. Der mich an die Hand geführt hat und mich immer begleitet. An Adrian Muff, der immer für mich da ist, seit dem Kindergarten und mir immer hilft bei der Umsetzung verschiedener Projekte, wie zum Beispiel beim

Erstellen dieses Buches. An Alexander Th. Link, den ich seit über 25 Jahre kenne und wir schon so viel erlebt haben. Der mir geholfen hat, dieses Buch umzusetzen und mich dabei inspiriert und motiviert hat.

VORWORT

Du bist ein geliebtes Kind Gottes!

Hast du das gewusst? Gott hat Dich gemacht mit all deinen Stärken und Schwächen, dass du dich für andere Menschen einsetzen kannst, die Hilfe oder Liebe benötigen. Denn du hast bestimmte Talente und Gaben bekommen um Menschen zu helfen, die in Not sind oder nicht mehr weiterwissen, wie es geht. Jeder Mensch hat mehrere Sachen bekommen um andere Menschen zu dienen. Und zusammen können wir alles schaffen. Jeder einzelne von uns Menschen kann den einen Unterschied machen und eine ganze Welle Positiv ins Rollen bringen. Es liegt an dir selbst, wo deine Reise hingeht und für was du Dich selbst entscheidest. Wählst du den Weg der Liebe, wird für Dich alles gut ausgehen. Jesus hat sein Leben für uns Menschen geben, und uns von unserer Schuld befreit, wenn wir seine Liebe annehmen. Einfach so ohne einen Hintergedanken zu haben. Er liebt uns so sehr, dass er gerne für uns gestorben ist, weil Jesus der Einzige war, der als Mensch ein perfektes Leben geführt hat und kein Fehler im Leben gemacht hatte. Gott hat Dich so sehr lieb, dass er Jesus, seinen einzigen Sohn geopfert hat, dass wir mit ihm eine Beziehung führen können, die immer gut für uns ausgeht, egal wie wir uns fühlen. Er holt uns immer wieder daraus und zaubert uns ein Lächeln ins Gesicht. Einfach so. Sich für Jesus zu entscheiden, ist das Beste was wir im Leben machen können. Es ist ein Geschenk des Himmels hier auf Erden. Der Name Jesus, hat so eine Macht, dass alle Probleme sich in Luft auflösen werden, wenn man daran glaubt und seine Hilfe auch in Anspruch nimmt, die jedem Menschen zu Verfügung steht. Beten hilft also immer und ist der Richtige Weg dazu.

Lieber Vater im Himmel, ich danke dir vom ganzen Herzen, dass ich dieses Buch schreiben durfte und bitte dich vom ganzen Herzen, dass du alle Menschen, die dieses Buch lesen oder Vorlesen, aber auch diejenigen, die dieses Buch jemanden schenken, zu segnen und bei ihnen im Alltag zu wirken. Lieber Heiliger Geist, gib allen Menschen die Kraft alles durchzuhalten und wieder aufzustehen, dass Sie Erkenntnis und Weisheit bekommen mögen und du ihnen ihre Augen und Ohren öffnest, so dass sie wieder pure Freude und Heilung erfahren dürfen. **Im Namen Jesus Christus. Amen!**

ÜBER MICH

Mein Name ist Simon Dost und bin am 16.12.1982 in Eberbach geboren. Ich habe einen jüngeren Bruder. Als kleiner Junge, habe ich viel ausprobiert. Fußball spielen, Leichtathletik, Tischtennis, Pfadfinder und Schulband habe ich gemacht. 1998 bin ich dann zum Chorsingen gegangen.

2001 war ich ein Mitglied der A cappella Gruppe Rocky Harmonists und war 2006 in China, 2009 in Süd-Korea und 2012 in Cincinati jeweils bei den World Choir Games zu Deutsch Weltmeisterschaften im Chorsingen. In den USA gewannen wir eine Bronze Medaille, was unser größter Erfolg war. 2001 machte ich einen Werksreal-Abschluss und lernte dann von 2002 bis 200 Bürokaufmann wo ich auch mit Abschluss absolvierte. Seit dem 1. September 2006 bis heute arbeite ich im Krankenhaus in Eberbach im Hol- und Bringdienst. Seit 2018 singe ich im Chor MobilTON Chor der Lebenshilfe in Eberbach und engagiere mich seit 2018 auch politisch in Eberbach.

Ich interessiere mich sehr für Soziales Engagement. Ich unterstütze mehrere Projekte und seit 2019 habe ich sogar 3 Veranstaltungen für verschiedene Projekte mit musikalischen Künstlern veranstaltet.

Mit Glücksbringer gehe ich selbst in Altersheime und singe dort mit den älteren Menschen Volkslieder. 2010 machte ich einen Kurs an der Volkshochschule für kreatives Schreiben. Ich bin aktives Mitglied im Depot 15/7 der

Kulturverein Eberbach. Seit 2018 singe ich in Marbach am Neckar bei den Sängerknaben mit. Außerdem unterstütze ich ein Schulchor als aktiver Sänger. Seit 2018. Ich habe mal 3 Jahre lang in einem Fastnachtsverein mitgewirkt.

Ich habe seit 2018 eine Patenschaft für ein Mädchen übernommen. 2016. Nahm ich mit einem besten Freund eine eigene CD auf, die Texte schrieb ich selbst. In der Grundschule spielte ich bei einer Theateraufführung einer der Hauptrollen mit.

Kapitel 1

10 GRÜNDE, WARUM ICH JESUS LIEBE!

1. Jesus ist mein Retter und Erlöser!

2. Jesus starb aus Liebe zu mir.

3. Jesus ist immer für mich da!

4. Ich kann ihm alles anvertrauen und erzählen.

5. Jesus nimmt mich so wie ich bin, mit all meinen Schwächen und Stärken.

6. Jesus will nur das Allerbeste für mich und öffnet mir neue Türen!

7. Jesus befreit mich aus allen Ängsten und Zwängen.

8. Jesus behandelt mich sehr gut mit Liebe und Respekt.

9. Jesus macht mich viel stärker und bekämpft meine schlechten Gedanken.

10. Durch Jesus kann ich alles schaffen, was ich mir vorgenommen habe.

10 GRÜNDE, WARUM ICH JESUS BRAUCHE!

1. Jesus ist mein Helfer und Retter in der Not.

2. Jesus gibt mir die Kraft, aus jeder Situation herauszukommen.

3. Jesus macht mich wieder gesund.

4. Jesus will, dass es mir gut geht und kümmert sich darum.

5. Ich kann mit Jesus über meine Probleme offen und ehrlich sprechen.

6. Jesus ist mein bester Freund und kennt mich besser als ich mich selbst kenne.

7. Jesus sagt mir, was in meinen Leben nicht so gut ist und hat Lösungen sofort parat.

8. Jesus ist mein Gott, der mich zum ewigen Leben führen wird.

9. Jesus ist die pure Liebe, die mich zum Ziel bringen wird.

10. Jesus ist mein großer Bruder, der immer auf mich aufpasst.

10 GRÜNDE, WARUM ICH GOTT BRAUCHE!

1. Gott ist mein Schöpfer und hat mich erschaffen.

2. Gott hat einen liebevollen Plan für mich und mein Leben.

3. Gott hat mir Gaben gegeben, die nützlich für andere Menschen sind.

4. Gott liebt mich so wie ich bin, denn er hat mich gemacht.

5. Gott liebt mich so sehr, dass er seinen einzigen Sohn Jesus für mich geopfert hat.

6. Gott kann mich wieder gesund machen.

7. Gott möchte eine Beziehung zu mir haben.

8. Gott ist der allmächtige Vater, der alles möglich machen kann, wenn man ihn darum bittet.

9. Gott ist der Schlüssel zu allem.

10. Gott ist Liebe.

1. Durch meinen Glauben an Jesus kann ich alles erreichen.

2. Durch meinen Glauben an Jesus komme ich auf bessere Gedanken.

3. Durch den Glauben an Jesus werden Wunder wahr.

4. Durch den Glauben an Jesus wird meine Seele gerettet werden.

5. Durch den Glauben an Jesus bekomme ich Weisheit und Erkenntnis.

6. Der Glaube an Jesus führt mich zu der Wahrheit hin.

7. Durch den Glauben an Jesus werde ich innerlich bestärkt werden.

8. Durch den Glauben an Jesus werde ich komplett erfüllt werden.

9. Durch den Glauben an Jesus wird das Leben immer weiter gehen.

10. Durch den Glauben an Jesus werde ich immer ein gutes Leben haben.

1. Beten tut meiner Seele sehr gut.

2. Beten ist eine Verbindung zwischen mir und meinen Himmlischen Vater.

3. Für andere Menschen zu beten bewirkt Positives auch in mir.

4. Beten hilft mir auf gute und positive Gedanken zu kommen.

5. Wenn es mir nicht so gut geht, dann kann ich im Gebet um Heilung bitten.

6. Bei einem Gebet kann ich auf Antworten kommen, die mich die ganze Zeit beschäftigt haben.

7. Bei einem Gebet komme ich Jesus ganz nah.

8. Beten ist etwas Wunderschönes und oftmals kommen danach schöne Überraschungen zustande.

9. Je öfter ich bete, umso mehr Erlebnisse und Wunder erfahre ich.

10. Beten ist der Schlüssel zu allem.

Singen

Das Singen tut nicht nur der Seele sehr gut, sondern ist auch sehr gesund. Das ist schon längst bewiesen worden. Es ist gut für das Herz und Immunsystem. Außerdem fördert es auch gleichzeitig das Hirn, indem man Liedtexte auswendig lernt. Man lernt dadurch seine Konzentrationsfähigkeit besser in den Griff zu bekommen, denn ein ganzes Konzert ist echter Sport! Schon in der Bibel steht oft geschrieben: „Singt dem Herrn neue Lieder"! Also wer singt macht schon Vieles im Leben richtig!

Ich singe, seit ich ein kleiner Junge war. Im Chor singe ich in verschiedene Chöre und helfe gerne im 1. Bass oder auch im 2. Bass mit. Durch jahrelange Erfahrungen habe ich einiges lernen können. Das Wichtigste ist, man muss keine Noten lesen können, viel wichtiger ist es ein gutes Gehör zu haben, denn ich kann bis heute keine Noten lesen. Manchmal singe ich einfach unter der Dusche Lieder, die gerade aktuell im Radio laufen. Es gibt mir die nötige Kraft und Power. Durch das Singen vergesse ich den Alltag um mich herum und das ist auch sehr gut so. Ich trete ab und zu im Altersheim auf oder bei einem Altennachmittag und singe auch sehr gerne Volkslieder a-cappella. Trotzdem kann man seine Zeit dort im Altersheim verbringen und gemeinsam eine schöne Zeit haben.

Aktionen, die sich lohnen:

- Suche dir ein Chor und singe dort, das gemeinsame Singen macht mehr Spaß und wenn es dir zu wenig ist, dann singe in mehreren Chören. Denn viele suchen Sänger/innen in ganz Deutschland. Ich weiß von was ich rede.

- Im Altersheim Volkslieder zu singen, macht auf jeden Fall sehr viel Spaß und man macht etwas Gutes zugleich.

- Du kannst auch unter der Dusche einfach singen, wenn du einen Ohrwurm hast. Hauptsache du nutzt deine Chance und benutzt deine Stimme.

Bibel lesen:

Die Bibel ist nicht nur irgendein altes Buch mit spannenden und lustigen Geschichten, sondern ein Buch des Lebens. Es passt wirklich in jede Zeit hinein und es spricht zu einem selbst durch Wörter. Lobt den HERRN, ihr seine Engel, ihr starken Helden, die ihr seinen Befehl ausführt, gehorsam der Stimme seines Wortes! (Psalm 103, 20) Wir müssen verstehen, dass in der Bibel alle Antworten stehen, die uns im Alltag beschäftigen.

Aktionen, die sich lohnen:

• Jeden Morgen lese ich nach dem Aufstehen 3 bis 4 Psalmen und bleibe somit im Kontakt. Auch nach dem Arbeiten zu Hause nehme ich mir die Zeit, um in der Bibel zu lesen. Es tut meiner Seele sehr gut und ist wichtig, dass man auch dranbleibt, egal ob es mir gut oder schlecht geht.

• Im Neuen Testament kann man die Liebe und das Wirken von Jesus nachlesen. Es lohnt absolut, denn wer einmal anfängt Jesus besser kennenzulernen, der kann nicht mehr aufhören weiterzulesen. Jedenfalls geht es mir so.

• Man lernt jeden Tag neu hinzu. Egal ob die Psalmen

oder auch Sprüche im Alten Testament. Es wird unsere Seele auf jeden Fall berühren.

Worshippen!

Worship oder auch Anbetung ist extrem wichtig, denn das bedeutet eine Beziehung zu unserem Himmlischen Vater zu haben. Wenn man das in seinen Alltag einbaut und sich Zeit dafür nimmt, dann wird man große Durchbrüche schaffen, die den eigenen Glauben bestätigen und bekräftigen wird. Das heißt, dass man nicht nur einmal in der Woche zur Kirche geht und dann war es das, sondern dass man es täglich auch zu Hause anwendet, durch Beten, Singen, Bibel lesen, Gutes tun usw.

Morgens nach dem Aufstehen höre ich mindestens 30 Minuten Worship oder auch Christliche Musik, dazu lese ich in der Bibel 3 bis 4 Psalmen. Das gibt mir Kraft und Power, um in den Alltag zu starten.

Ich nehme mir mindestens über eine Stunde Zeit und worshippe jeden Tag, meistens nach dem Arbeiten zu Hause. Ich lese in der Bibel und höre christliche Musik entweder von Youtube oder auch von gekauften CDs.

Beten und das Abendmahl einnehmen gehört ebenfalls zu Worshippen. Es ist wichtig, dass man das regelmäßig macht. Denn es bestärkt die Beziehung zu Gott und Jesus.

Aktionen, die sich lohnen:

- Probiere es mal aus und höre dir Lieder auf Youtube an unter Worship oder Christliche Musik. Wenn du das eine Stunde lang machst, aber zumindest eine halbe Stunde am Stück, dann wirst du den Unterschied merken, wie gut das dir tun wird.

- Du kannst Jesus auch auf der Arbeit Ehre geben. Statt 5 Minuten Zigarettenpause einfach 5 Minuten innehalten und Jesus danken!

- Lies ein paar Seiten in der Bibel und versuche jeden Tag, das anzuwenden. Es wird dir sehr guttun.

Zeit verschenken!

In der heutigen Zeit haben wir kaum noch Zeit für unsere Freunden, Familien oder Menschen die uns sehr am Herzen liegen. Wir werden getrieben in Arbeit ohne Ende und gehen gleichzeitig kaputt dadurch. Oftmals brauchen wir sogar mehrere Jobs um uns übers Wasser zu halten. Sogar, wenn beide Elternteile arbeiten gehen, reicht das Geld kaum aus um gut Leben zu können. Die Kinder sind immer die nachtragenden die dadurch leiden müssen, weil keiner Zeit für sie hat und niemand da ist. Das heißt, dass sie immer auf sich allein gestellt sind, dass natürlich auch negative Konsequenzen mit sich bringen wird.

Aktionen die sich lohnen:

- Wie wäre es einmal, wenn man statt Geld einfach seine Zeit zur Verfügung stellt, dass man mit seinen Kindern zusammen ist und etwas schönes Unternimmt.

- Vielleicht schenkt man zu Weihnachten oder Geburtstag einfach mehr Zeit indem man jemanden eine Freude machen will und spendet 100 Euro in Form von Zeit, dass für ihre Kinder zur Verfügung steht. Ideal für Eltern die Selbstständig sind. Das kann auch unter den Jahren sein.

- Man kann auch Zeit in Form einer Patenschaft übernehmen und kann sich anbieten und um Kinder kümmern, z.B. bei den Hausaufgaben oder zum Spielen. Das könnte auch eine Form Ehrenamt sein. Weil man gerne mit Kindern und Jugendlichen zu tun hat.

Projekte unterstützen:

Es gibt sehr viele Baustellen auf unserer Erde. Aber es ist wichtig, dass man sich damit befasst und auseinandersetzt. Die Erde war am Anfang wunderschön und sehr gesund. Doch mit der Zeit, je mehr Menschen auf die Erde kamen, desto mehr zerstört wurde sie und ist kaum mehr zu Retten. Trotzdem ist es wichtig, dass man gut mit ihr umgeht und versucht das Beste zu machen und aus ihr herauszuholen.

Aktionen die sich lohnen:

- Überlege dir was du ändern willst und wie du das Klima verändern kannst. Weniger Plastik gesunde Ernährung. Es gibt tolle Projekte, die du unterstützen kannst. Im Internet kannst du dich darüber informieren und schlau machen.

- Vielleicht willst du dich aber auch für Menschen einsetzen und für mehr Gerechtigkeit sorgen. Denn auch Frauen haben in vielen Ländern immer noch kaum eine Chance und vielleicht willst du dich dafür einsetzen oder für Kinder in der Not. Oder aber für Obdachlose Menschen die immer mehr werden und in Vergessenheit geraten sind.

- Oder Menschen, die schwer krank sind oder mit einer Behinderung leben. Vielleicht möchtest du dich hierfür einsetzen und ihnen helfen, dass es bekannter wird und mehr Menschen davon mitkriegen. Aber auch für unsere Tiere gibt es genug Projekte, die verschiedenen Tieren helfen und Gutes tun wollen.

Einfach mal Dankbar sein und Danke sagen!

Wir nehmen in Deutschland und Umgebung alles für Selbstverständlich an und wissen gar nicht wie gut wir es hier haben. Wir schätzen die täglichen Dinge die wir haben und besitzen nicht wirklich. Wir sind mit nichts zufrieden und wollen immer mehr und noch viel mehr haben. Wir jammern auf allerhöchstem Niveau, anstatt auch mal dankbar zu sein. Denn es ist eben nicht alles Selbstverständlich was wir im verwöhnten Deutschland als normal bezeichnen.

Aktionen die sich lohnen:

- Wann warst du das letzte Mal so richtig dankbar und über was?

- Schreibe dir jeden Tag mindestens 3 Dinge auf, die dir heute gefallen haben. Kann auch mehr sein und erstelle dir einen Ordner oder eine Art Tagedankesbuch. Du wirst schnell feststellen, dass diese Gedanken positive Auswirkungen auf deinen Leben haben werden.

- Bedanke dich bei deinen Eltern, Geschwistern, Freunden, Kolleg/innen und überrasche sie. Schreibe einen Brief indem du dich bei ihnen über verschiedene Sachen bedankst, z.B. wie sehr sie dein

Leben geprägt haben. Gutes Umfeld, immer aufmunternd. Bringen einem immer zu lachen und haben immer ein offenes Ohr und ehrliches Wort für dich parat. Sehr aufbauend und inspirierend.

Jeden Tag eine gute Tat:

Es gibt nichts Gutes außer man tut es. In unserer heutigen Gesellschaft ist es schwierig, gutes in den Alltag zu bringen. Oftmals wird man von der Seite schief angeschaut, wenn man versucht aus der Reihe zu tanzen. Dabei will man einfach nur glücklich und zufrieden sein.

Aktionen die sich lohnen:

• Sei einfach gut gelaunt und steckte die anderen Menschen mit deiner Freude an, denn lachen ist so sehr gesund und wichtig. Kinder lachen sehr viel öfter als wir Menschen und zeigen uns, dass es auch so gehen kann. Wir Menschen sind nicht gemacht um nur schlechte Laune zu haben, sondern eigentlich um Fröhlich zu sein.

• Halte deine Augen und Ohren immer offen und halte auch einfach mal so die Türen für deine Mitmenschen auf, wenn Sie vollgepackt mit beiden Händen durch eine Tür müssen. Lächle sie dann noch an und mache den Unterschied. Dies gilt auch für Obdachlose Menschen. Bleibe stehen und höre einfach nur zu und zeige ihnen Respekt, denn oftmals kennen wir ihre Geschichte oder deren Umstände nicht und machen diesen einen Fehler sehr gerne alle in einer Schublade abzustempeln, weil es viel bequemer und Zeitersparender ist.

• Überrasche Menschen, Familien, Freunden und verbringe einfach so Zeit mit ihnen oder rufe jemanden an, den du schon sehr lange nicht mehr gesehen hast. Gib eine Runde aus oder denke dir etwas aus, wem du sehr gerne eine kleine Freude machen willst, weil sie oder er es verdient hat.

Biete dein Talent an und helfe umsonst!

Jeder Mensch hat mehrere Talente, die er besonders gut kann. Gott hat sich für jeden von uns etwas überlegt und Gaben hineingesät, die nützlich für andere Menschen sind. Wir müssen nur herausfinden, was wir gut können und was unsere Leidenschaft ist, also für was wir brennen. Diese gilt es dann zu fördern und zu erweitern.

Aktionen die sich lohnen:

• Du kannst sehr gut kochen und dein Herz geht auf, weil es deine Leidenschaft geworden ist und backen tust du auch sehr gerne? Hast du dir schon einmal überlegt, auch für andere Menschen zu kochen oder Kuchen zu backen? Wie wäre es z.B., dass du auch für Menschen die sehr am sind und sich nichts leisten können. Das du einmal pro Monat ihnen eine Freude machst und für ihnen Kochst oder backst?

• Du singst sehr gerne und es macht dir Spaß gemeinsam zu singen. Könntest du dir vorstellen, in verschiedenen Chören zu gehen und ihnen mit deiner Stimme zu helfen und unterstützen. Immer mehr Chöre suchen nach neuen Stimmen. Aus eigener Erfahrung kann ich sagen, dass es sich lohnt in mehreren Chören zu singen. Oder aber du gehst ins

Altersheim und singst mit dem Bewohner/innen zusammen Volkslieder. Das macht Spaß und bereitet eine Menge Freude.

- Du schreibst sehr gerne und dir gehen viele Gedanken Sekundenweise durch den Kopf und du willst sie alle aufschreiben. Hast du dir überlegt schon ein Buch zu schreiben und eine Lesung zu halten. Du hast viele gute Ideen, was man besser tun kann und was nützlich ist für unser Alltag. Dann lass es deine Mitmenschen wissen und verändere oder gestalte somit unsere Gesellschaft.

Lasse den Fernseher und das Handy mal aus und genieße diese Stille:

Ist dir auch schon aufgefallen, dass immer mehr Schrottsendungen im TV-Programm und auch auf dem Handy siehe Tik Tok angeboten werden und wir unsere Zeit sinnlos verprassen. Wir verschwenden unsere kostbare Zeit mit Dingen, die uns eher herunterziehen statt aufbauen. Wir kommen gestresst von der Arbeit nach Hause und dann werden wir von Informationen Zugemüllt die so schrecklich sind das es einem nur noch angst und bange wird. Krieg, Terror, Klimakatastrophe usw. Aber zum Glück gibt es einen anderen Weg, wenn wir uns vor dem ganzen lösen können.

Aktionen die sich lohnen:

- Lasse den Fernseher heute mal komplett aus und lege auch dein Handy zur Seite. Genieße einfach für einen Moment die Stille und komme von dem ganzen Alltagsstress herunter. Du wirst schnell feststellen, wie gut dir das ganze tun wird.

- Suche dir irgendwo draußen in der Natur oder bei dir im Garten einen stillen Platz und atme mehrfach ein und wieder aus. Stelle dir vor Jesus würde neben dir sitzen und dich in seinem Arm halten. Spürst du die Energie und seine Liebe zu dir indem du inneren Frieden hast.

- Nehme dir auf der Arbeit statt einer Raucherpause einfach mal 5 Minuten Zeit um wieder neue Kräfte freizusetzen. Rede in deinem Gedanken zu Jesus und bitte ihn, dir neue Power und einen guten Kopf zu geben.

Gute Gedanken aufschreiben:

Achte Gut auf deinen Gedanken, sie entscheiden über dein Leben. Auch ein Zitat aus der Bibel, die uns daran erinnern sollen, wie wichtig es ist Gute Gedanken für uns selbst aber auch für unsere Mitmenschen zu haben.

Aktionen die sich lohnen:

- Schreibe dir jeden Tag mindestens 3 Gute Gedanken auf, die dir eingefallen sind und halte sie in einem Tagebuch oder Ordner fest. Es wird nach einem halben Jahr schon sehr viel zustande gekommen sein.

- Habe auch für deine Mitmenschen immer Gute Gedanken parat und ermutige und stärke sie in ihrem Tun und Handeln. Es ist sehr wichtig, dass diese auch positive unterstützt werden.

- Bringe doch ein Buch lauter Gute Gedanken heraus und leiste somit deinen Beitrag. Du kannst ja auch Gute Gedanken, Gute Videos, Gute Musik oder Gute Beiträge im Netz verbreiten oder was dir gefällt teilen. Es ist wichtig, dass es auch Menschen gibt, die ein Herz für Gute Gedanken haben um den Menschen zu zeigen, es gibt auch noch Gutes und nicht nur Schlechtes.

Beten!

Es ist so wichtig, dass wir in Kontakt zu Gott haben und uns mit ihm auch verbinden. Denn unser Vater im Himmel liebt uns so sehr, dass er seinen einzigen Sohn Jesus für uns geopfert hat. Er vergibt uns unsere Schuld und Sünden, wenn wir Jesus in unser Herz hineinlassen und ihn als unser Retter und Erlöser akzeptieren.

Aktionen die sich lohnen:

- Was liegt dir auf dem Herzen, vielleicht hast du einen Traum oder Kindheitswunsch und wünscht dir nichts anderes als, dass es Wirklichkeit wird. Wenn du Jesus, in seinem Namen darum bittest, lass dich überraschen, was danach passiert.

- Vielleicht kennst du jemanden in deiner Familie oder Freundeskreis der in Nöten ist und gerade eine Schwierige Zeit durchmacht. Dann kannst du für diese Person ganz einfach beten. Oder aber auch für eine Fremde Person, die du nicht kennst nur durch Erzählungen, kannst du ebenfalls dafür beten.

- Vielleicht ist auch jemand sehr schwer krank geworden, oder du selbst bist krank. Dann kannst du auch um Heilung und Genesung bitten. Der Name Jesus hat so eine Kraft und Power, dass nichts unmöglich ist. Je mehr Menschen für die gleiche Sache, oder Person beten, desto größer und erfolgreicher wird das Wunder oder die Heilung werden.

Spaziergang an der frischen Luft!

Einen kleinen Verdauungsspaziergang am Abend oder Zwischendurch hat noch niemanden geschadet. Man ist an der frischen Luft und kann den Kopf freibekommen. Je öfter man so etwas macht umso besser wird es einem gehen.

Aktionen die sich lohnen:

• Nutze den Spaziergang um mit Gott in Kontakt zu kommen und höre gut zu was er dir zu sagen hat, denn Jesus ist immer da, er geht mit uns mit und begleitet uns, das ganze Leben lang.

• Beobachte die Natur, und genieße die schönen Aussichten und setzte dich für ein paar Minuten irgendwo auf einer Bank und schließe deine Augen zu. Lausche die Geräusche und lasse dich inspirieren.

• Während du läufst, schalte deine Gedanken aus und rede mit Jesus was dir auf dem Herzen liegt. Fange an zu beten und rede offen und ehrlich was dich bedrückt und gebe Jesus alle deine Lasten ab. Du wirst merken, wie deine Schulter leichter werden und alles von dir abfällt.

Kinder mit einbeziehen!

Jesus selbst sagt zu den Eltern, lasst die Kinder zu mir kommen und wehrt ihnen nicht den Weg. Es ist extrem wichtig, dass die Kinder schon früh von Jesus mitbekommen. Je früher desto besser, denn es wird Zeiten kommen und geben, dass die Kinder mal alleine sind und die Eltern mal nicht auf der Stelle da sind. Kindergarten, Schule usw.

Aktionen die sich lohnen:

- Es gibt überall auch schon die Bibel für die Kinder, wo sie spielerisch Geschichten über Jesus lesen dürfen, die gut zu erklären sind.

- Es ist immer gut, wenn man zusammen mit seinen Kindern auch betet und dankbar ist. Beten für Essen und Trinken, dass man auch gesund ist. Je früher man damit anfängt, desto besser ist es, dass es sich vertieft und das Kind sich das ganze auch einprägt.

- Des lieben Gottes, dass jedes Kind geliebt ist und einzigartig ist in Gottes Augen. Dass sie keine Angst haben müssen und sich vor nichts fürchten brauchen.

Für Gerechtigkeit einsetzen. Arme und schwache Menschen helfen!

Es ist wichtig, dass man sich für irgendetwas einsetzt. Gerechtigkeit zu zeigen und Liebe zu geben ist sehr wertvoll und mit nichts zu ersetzen. Denn gerade in der heutigen Zeit, werden arme Menschen immer ärmer und schwache Menschen immer schwächer. Da ist es wichtig, dass man sich hierfür einsetzt und für Gerechtigkeit sorgt.

Aktionen die sich lohnen:

- Setze dich für Menschen ein, die in Armut leben wie z.B. Obdachlosen Menschen und verhelfe ihnen wieder Mut zu fassen. Das sie auch geliebt sind. Mache den Unterschied und tue etwas Gutes. Gehe in die Bahnhofsmission oder setzte dich mit anderen Menschen zusammen, die ebenfalls etwas Sinnvolles tun wollen und hilft den armen Menschen.

- Setze dich für Frauen in der Prostitution ein und helfe ihnen da herauszukommen. Gib Frauen ihre Würde zurück und behandele sich Respektvoll.

- Setze dich für Kinder und Jugendliche ein, die von Harz IV betroffen sind. Oder Kinder die Drogenabhängig geworden sind und helfe ihnen wieder daraus zu kommen. Gott hat für jeden Menschen einen Plan, der immer viel besser ist, als der Weg den man alleine ohne Gott gehen will.

Erzähle von Jesus weiter!

Alle Christen haben denselben Auftrag, nämlich die Gute oder Frohe Botschaft von Jesus weiterzuerzählen. Denn jeder Mensch soll Hoffnung auf ein besseres und erfülltes Leben haben. Wir Menschen sind alles geliebt und von Gott gewollt. So wie wir sind, sind wir gut genug. Mit all unseren Schwächen und Stärken.

Aktionen die sich lohnen:

- Erzähle dein Freunden und Familien, wie Jesus dein Herz berührt hat und wie er immer für dich da ist, wenn du zu ihm gebeten hast. Durch Wunder oder Heilung die du selbst erlebt hast.

- Schreibe eine Karte und verschicke ihn ohne Absender. Schreibe: Wie sehr Gott Dich liebt und braucht um andere Menschen eine Freude zu machen. Oder verteile die Karten an fremden Menschen.

- Lade Menschen zu dir ein und lese Zitate aus der Bibel vor und lasse Worship Musik im Hintergrund laufen.

Lerne Geduld zu haben und zu warten!

Wir leben in einer Zeit, wo wir auf Knopfdruck alles bekommen was wir wollen. Wir bestellen über Handy Essen bei der Pizzeria oder Restaurant. Wir bestellen übers Handy alles Mögliche und innerhalb 24 Stunden kommt es sogar zu uns nach Hause geliefert. Wir müssen nichts mehr selbst machen. Nicht mehr selbst in die Stadt fahren oder Benzin verbrauchen. Das spart Zeit und Geld für andere Dinge. Geschäfte in der eigenen Stadt wird kaum mehr etwas gekauft bzw. unterstützt. Deshalb schließen viele gute Geschäfte. Und bei Gott wollen wir das es genauso auf Knopfdruck klappt und ein Gebet und alles wird uns gegeben was wir uns wünschen. Nur Gott sieht das ein bisschen anders als wir und lässt uns deshalb lange Warten, aber nicht, weil er uns ärgern möchte, sondern um uns zu erziehen Geduld zu haben. Denn wenn wir eines nicht richtig können, dann ist es Geduld zu haben und gerne auf etwas zu warten.

Aktionen die sich lohnen:

- Wenn du wieder etwas einkaufen willst, dann kaufe es dir erst nach 4 Wochen z.B. Handtasche oder Handy. Wenn du es dann immer noch brauchst, bekommst du es aber vielleicht billiger und nicht den Vollen Preis. Rabat als Geschenk deiner Geduld und des Wartens.

- Rede mit Jesus, dass er dir Kraft gibt, dass du gerne und länger Warten kannst. Gib ihm deine Ungeduld und hänge sie ans Kreuz. Dann wird es dir besser gehen.

- Verzichte einfach mal bewusst auf Dinge, die Dich von deinem Fokus aufhalten. Internet, Handy, Computerspiele, Serien Netflixs usw. Ein oder zwei Stunden am Tag und lege es in der Zeit weg wo es dich nicht stören kann. Am Anfang ist es wie eine Sucht und du wirst kribbelig, aber je öfter du das machst, desto besser kannst du damit umgehen. Es ist wie ein Entzug der aber sehr gut ist und dir sehr gut tun wird.

Das Abendmahl!

Das Abendmahl ist sehr wichtig und gibt uns sehr viel Kraft, Gesünder zu bleiben und Jesus Liebe intensiver zu spüren! Jesus möchte, dass wir das so oft wie möglich zu uns nehmen. Also nicht bloß einmal in der Woche in der Kirche, sondern auch gerade zu Hause.

Aktionen die sich lohnen:

• Nehme Oblaten und Rot Wein, geht aber auch Traubensaft als Symbol. Es muss kein Pfarrer es einweihen, nimm einfach den Text aus der Bibel. Und lese was Jesus gemacht hat. Sprich dasselbe nach und danke ihm.

• Man kann auch das Abendmahl zusammen einnehmen, mit der ganzen Familie, oder Freunden. Oder aber mit Obdachlosen Menschen. Menschen die in Armut leben.

• Worshipe und Bete und anschließend nehme das Abendmahl ein. Es muss nicht abends sein, es kann auch morgens oder nachmittags sein. Die Hauptsache ist, du nimmst es regelmäßig ein.

Deine Seele retten!

Wir leben intensiv und nehmen oft Rücksicht ohne Verluste. Wir setzen unser Leben aufs Spiel und nehmen es oft an die leichte Schulter. Doch einen Momentlang nicht aufgepasst und schon wars das mit unserem Leben. Autounfall oder wir werden einfach so umgefahren. Oder aber wir nehmen zu viel Alkohol zu uns und sterben an Überdosis von den verschiedenen Drogen. Und wo wandert unsere Seele dann hin? Himmel oder Hölle? Bist du dir absolut sicher und hast dich mit Gott versöhnt und Liebe Jesus angenommen? Solange wir leben ist nicht zu spät sich für Jesus zu entscheiden. Egal ob du erst 13 Jahre alt bist oder 95 Jahre. Solange du lebst hast du selbst die Möglichkeit, wo deine Seele hinwandert. Entweder für immer bei Gott und Jesus, was für immer Frieden gutes Leben bedeutet ohne Stress, Krieg, Leid und Kummer. Oder aber für immer getrennt von Gott, was leiden Qualen, Kummer, Krieg, Angst und Schrecken für dich bedeutet, weil du zusammen mit dem Teufel bzw. Satan in der Hölle gelandet bist. Für immer und ewig. Keine Hilfe mehr von Gott und Jesus. Das wollen wir ja nicht, deshalb entscheide dich am besten noch heute für die Liebe Gottes und nehme, Jesus Liebe an, der alles für dich getan hat und sich für dich geopfert hat.

Aktionen die sich lohnen:

Hast du dir schon Gedanken über das Leben nachdem Tod gemacht? Wenn nicht, dann tu es. Es ist für dich am besten. Rette deine Seele die ewig weiterlebt. Auch wenn wir sterben müssen. Die Seele wandert aus dem Körper und steigt entweder in den Himmel oder unter der Erde in die Hölle. Das gute ist, dass wir es selbst in der Hand haben und uns dafür oder dagegen entscheiden können. Je nachdem wie wir Leben wollen. Liebe oder ohne Liebe. Gib dein Leben Jesus und nehme seine Liebe an und du wirst gerettet werden.

Wir wollen ja alle in Frieden, Harmonie, Liebe, Freude, und Gesund leben ohne Krieg und Leiden. Das geschieht erst nachdem Tod. Im neuen Leben, wenn wir bei Jesus sind, der als König regiert. Hier auf Erden, erleben wir das nicht mehr. Die Erde ist schon kaputt und es gibt zu viel Leid und Armut.

Es ist wichtig, dass wir uns früh genug dafür entscheiden und unsre Seele rechtzeitig retten. Denn jeder Mensch träumt von Frieden und Gerechtigkeit. Das gibt es aber nur bei Gott. Lieber Vater im Himmel ich gebe Jesus mein ganzes Leben und erkenne ihn als mein Erlöser und Retter an. Ich bitte dich um Vergebung meiner Sünden und bekenne, dass ich ein Sünder bin. Ich möchte für immer und ewig bei dir sein. Ich danke dir von ganzem Herzen, dass du Jesus für mich am Kreuz gestorben bist und alle meine Schuld und Last auf Dich genommen hast. In Jesu Namen, Amen!

Satan hat einen teuflischen Plan für Dich!

Hast du gewusst, dass es nicht nur Gott bzw. Jesus gibt, der dich über alles liebt und nur das Beste für dich will, sondern dass es auch einen großen Gegenspieler gibt, der dich über alles hast und möchte, dass du nur am Leiden bist und will dich verletzt sehen? Satan oder auch der Teufel, will deine Seele haben und Dich zerstören. Er möchte, dass du dich von Jesus fernhaltest. Weil, er wurde von Jesus Gott besiegt. Der Teufel war der Lieblings Engel von Gott. Eines Tages aber wurde er zornig und wollte wie Gott sein, darauf hin wurde er auf die Erde verbannt zusammen mit 1/3 Engel die auch Dämonen sind und versuchen alles kaputt zu machen und zu zerstören. Er benutzt Menschen um dich Leiden zu sehen. Menschen die dir Nahestehen. Eltern, Geschwistern, Freunden. Der Teufel wird auch der König der Lügen genannt. Weil er nur lügen kann und keine Wahrheit sagen kann.

Aktionen die sich lohnen:

- Habe keine Angst von Dämonen oder dem Teufel, der kann dir nichts machen, denn er wurde schon besiegt. Sprich einfach den Namen Jesus laut und deutlich aus. Dann bekommt er große Angst.

- Im Namen Jesu befehle ich dir Satan verschwinde von hier. Im Namen Jesu befehle ich Euch Dämonen verschwindet von hier. Ihr habt keine Macht. Jesus hat Euch besiegt. Denn er ist der König aller Könige.

- Du kannst auch das Blut Jesu an den Teufel und die Dämonen aussprechen. Ich möchte das Blut Jesu an den Satan/Teufel/Dämonen aussprechen. Du kannst auch den Psalm 91 aus der Bibel vorlesen. Ganz wichtig ist, dass die Dämonen und auch der Teufel, deine Gedanken nicht lesen und hören können. Jesus schon oder Gott. Aber die bösen Geister nicht, deshalb musst du den Namen Jesus auch deutlich und normal aussprechen.

Selbstliebe und Nächstenliebe.

Es ist auch sehr wichtig sich selbst zu Lieben und sich was zu gönnen. Man sollte auch an sich denken und seine eigenen Bedürfnisse nachgehen und auf seine Gesundheit achten und genug schlafen gehen. Nur wenn man selbst Fit und Gesund ist, genügend Kraft hat, dann kann man auch für andere da sein und sich andere Menschen aufopfern.

Aktionen die sich lohnen:

• Gehe früher schlafen und ruhe dich aus. Achte auf deine Ernährung und mache auch Sport. Gehe an die frische Luft und gönne dir mal was Gutes. Erst wenn du Glücklich bist, dann kannst du dich für andere Menschen einsetzen.

• Achte auf deine Mitmenschen und nehme jede Persönlichkeit ernst. Behandele jeden mit Respekt und liebe und nehme dir auch mal mehr Zeit um gute Gespräche zu haben, die dir Informationen geben um etwas Gutes tun zu können.

• Gibt mal eine Runde aus oder unternehme etwas schönes und erzähle von Jesus und gibt den Menschen Hoffnungen und habe immer ein Gutes Wort für jeden und Ermutige deine Mitmenschen, denn jeder Mensch braucht Ermutigungen.

WENN DU NICHT MEHR WEITER WEISST

Wenn du nicht mehr weiterweißt,

dann bete Jesus an.

Wenn du Hilflos oder dich alleine fühlst,

dann bete Jesus an.

Wenn du am Boden liegst und nicht mehr aufstehen
kannst

dann bete Jesus an.

Wenn du drogenabhängig bist und nicht mehr davon
loskommst,

dann bete Jesus an.

Wenn du liebende Menschen oder dein Kind verloren
hast und kommst aus der Trauer nicht mehr raus,

dann bete Jesus an.

Wenn du dir dein Leben nehmen willst, weil du dir
nutzlos vorkommst,

dann bete Jesus an.

Wenn du nach ewigen Leben suchen willst,

dann bete Jesus an.

Wenn du nach Sinn deines Lebens suchen willst,

dann bete Jesus an.

Jesus ist der einzige Mann,

der dich durch alle deine Ängste befreien kann.

Jesus ist der einzige Mann,

der dich durch alles heilen kann.

Jesus, der ist immer da.

Jesus ist immer ganz nah.

ES WIRD HÖCHSTE ZEIT MIT GUTER LAUNE ETWAS SINNVOLLES UND POSITIVES ZU ERREICHEN UND BEWIRKEN!

1. Steh auf und höre Musik, die Dich zum Strahlen und Bewegen bringt.

Es gibt nichts schöneres, als mit Guter Laune den Tag zu beginnen, egal was für ein Wochentag gerade ist!

Sorge stehts für gute Laune und geh mit Besten Vorbild voran. Denn je mehr Menschen Gut drauf sind desto weniger Streit und Stress gibt es. Bringe die Menschen zum Strahlen, erzähle Witze. Sei ruhig auch mal Positiv verrückt.

2. Nutze jeden Tag für etwas Sinnvolles. So nachdem Motto. Jeden Tag eine gute Tat.

Das kann alles Mögliche sein. Jemanden einen Kaffee oder Frühstück spendieren, z.B. Arbeitskollegen. Höre einfach nur Menschen zu und sei ein Guter Zuhörer. Aufmerksam zu sein ist sehr wichtig. Halte Menschen die Türe auf, wenn du siehst, dass jemand vollgepackt ist und beide Hände voll hat.

Achte auf Kleinigkeiten. Mach es einfach und stelle keine Fragen. Denn auch du wärst froh, wenn dir jemanden helfen würde, einfach so, weil es eigentlich das normalste von allen ist und auch sein sollte. Einer muss halt mal anfangen und wenn sich jeder die gleiche Frage stellt. Warum ausgerechnet ich! Dann stelle dir aber auch gleich die Gegenfrage: Warum eigentlich nicht? Es ist eigentlich so einfach und doch so schwierig, weil wir zu verkrampft und nicht locker genug sind. Das fängt schon beim Denken an. Wenn wir mehr auf unser Herz anstatt an unser Kopf hören würden, dann wäre einiges besser und leichter.

3. Sinnvoll ausmisten. Nicht einfach alle Sachen die man nicht mehr braucht in einen Sack und Wegwerfen.

Sondern Sachen wie z.B. Bücher, die noch gut sind vielleicht alle auf einen Stapel legen und dann entweder Verschenken, in eine Bücherei bringen.

Oder einfach immer wieder Ausleihen oder für ganz wenig Geld verkaufen und an eine Einrichtung oder Soziale Organisation spenden. Das Ganze geht mit Klamotten ähnlich. Natürlich vorher waschen und dann entweder verschenken. Oder an Altkleidersammlung abgegeben. Mit CDs und DVDs geht es wie mit den

Büchern. Ausmisten kann nicht nur Spaß machen, sondern auch noch Freude schenken und man kann soviel Gutes tun.

4. Auf die eigene Umwelt achten. Jeder Mensch kann wirklich etwas Gutes und Positives zu unserer Umwelt beisteuern.

Es ist viel leichter als man denkt. Mehr Fahrrad fahren, laufen und dabei frische Luft schnappen. Mehr Bahn statt Auto fahren. Früher sind die Menschen Kilometerweit zur Arbeit, oder gar zur Schule gelaufen und leben zum Teil immer noch. Es gab sogar Sonntagsfreie Tage.

Das bedeutet, dass keiner sonntags mit dem Auto gefahren ist. Manchmal sollten wir wieder mehr an früher denken und das Gute von damals beibehalten. Es war nicht alles schlecht. Doch wir denken zu Kompliziert und haben das Einfache Denken verlernt. Auch mal Müll aufheben in einem Müllsack machen mit Handschuhen natürlich kann man auch mal machen. Klar, es sind Aufgaben die natürlich keiner machen will, aber trotzdem etwas Gutes und Sinnvolles in uns Auslösen wird, wenn man mal den ersten Schritt gemacht hat.

Auch ist es nie verkehrt eine eigene Tasche

mitzubringen und nicht ständig Plastiktaschen zu kaufen, auch wenn sie billig ist und nicht viel kostet, aber da fängt es schon an. Weniger Fernsehen und mehr Spieleabende machen. Weniger Strom und weniger Müll, den die Nachrichten oder gar im Fernsehen bringen.

5. Probiere ruhig auch mal andere Sachen aus, die du schon immer einmal machen wolltest.

Neue Hobbys oder Seiten an sich zu entdecken, ist sehr wichtig. Wir dürfen niemals stehen bleiben und müssen uns stets weiterentwickeln. An seine Schwächen zu arbeiten ist wichtig, aber ich denke noch wichtiger ist es, dass was man gut kann noch besser zu machen und sich darauf Spezialisieren und sich mit anderen Menschen vernetzen und Verbinden, die andere Sachen besser können als man selbst. Denn niemand ist Perfekt und das ist auch gut so. Deshalb gibt es Menschen, die können das Besser, andere wiederum können das besser, man selber kann das besser als andere. Und zusammen ergänzt man sich perfekt. Das Bedeutet, Zusammen können wir alles schaffen, aber jeder einzelne kann etwas dazu beisteuern und das müssen wir in unseren Köpfen und Herzen einhämmern und eintrichtern.

Wenn man diese Punkte beachtet und jeder ein bisschen auf seine Mitmenschen achtet und mit Liebe und Respektvoll mit einander umgeht, dann profitieren wir alle davon.

In diesem Sinne, lasst uns zusammen Stein für Stein ins Rollen bringen wie der Dominostein. Ein Stein fällt und die anderen ziehen mit :-D

JEDER MENSCH TRÄUMT VON EINEM ERFOLGREICHEN LEBEN. KANN MAN EIN ERFOLGREICHES LEBEN UND FAMILIE UNTER EINEM HUT BRINGEN?

Ja, man kann. **Mit Disziplin, Fleiß und intelligenter Plan kann man alles gut ins reine bringen!**

1. *Eines musst du dir immer merken: Wenn du wirklich erfolgreich sein willst, dann musst du Anfangen an dich selbst und deine Träume zu glauben, egal was die anderen Menschen dazu sagen. Es ist wichtig seinen eigenen Glauben täglich also jeden Tag zu aktivieren, denn eines ist sicher. Es gibt immer jemanden der dir zur Seite steht und das ist der liebe Gott (Jesus).*

Der glaubt immer an dich und wird dir auch helfen, alle deine Ziele früher oder später auch erfolgreich zu meistern und absolvieren. Das bedeutet, dass du dich gleichzeitig alle deine Ängste und Zweifel loslässt und löst. Wenn du dies in deinem Kopf verankert und tief verinnerlich hast. Dann wird dir alles gelingen, was du dir vorgenommen hast. Denn "geht nicht" gibt es nicht. Du kannst alles schaffen, aber du musst halt nur an Dich selbst glauben und deine Beziehung zu Gott (Jesus) aufs Neue und täglich aktivieren. Natürlich ihn Bitten dir zu Helfen und Dankbar zu sein, ist der Schlüssel dazu.

2. *Jetzt heißt es fleißig sein und jeden Tag mindestens 3 Tage in der Woche in deine Träume, Wünsche oder Ziele ein bis zwei Stunden zu investieren.*

Manchmal dauert es Jahre bis wir ein Ziel, Projekt, Wunsch oder Traum erfüllt haben. Aber dieser Erfolg ist unbeschreiblich und tut uns sehr gut. Der Erfolg gibt uns auch Recht weiter zu machen und neue Pläne, Ziele, Projekte, Träume oder Wünsche anzugehen. Wichtig ist aber auch da, nach jedem Erfolg ruhig einmal zu feiern und darauf auch anzustoßen. Denn oft ist es harte Arbeit gewesen dort hinzugehen.

Bevor man die nächsten Ziele usw. angeht, brauchen wir auch diesmal wieder Zeit um uns neu zu orientieren und Kraft zu schöpfen. Außerdem muss immer alles gut durchdacht und geplant sein.

3. Manchmal ist es sinnvoll für seine Pläne, Träume, Wünsche, Ziele oder Projekte Geld wegzulegen und zu sparen.

Einen zweiten Job oder 450 Euro Job, kann dazu dienen um schneller an seine Ziele usw. voranzukommen, indem man diesen Job nur für seine Wünsche usw. verwendet und das ganze Geld dass man zusätzlich verdient auch dadurch spart. Auch Ferienjobs oder Zeitungen austragen können für Jugendlichen zusätzlich ihr Taschengeld verbessern. Andere Methode wäre statt Zigaretten und Alkohol, das Geld sparen was auch 300 bis 450 Euro im Monat ausmachen kann, dass man mehr zur Verfügung hat. Das wäre ein Grund mehr gesünder zu leben oder aber eine Suchttherapie zu machen.

4. Ganz wichtig aber natürlich ist auch, dass man sich selbst nie vergisst und bei allem Fleiß den man täglich investiert und am Arbeiten ist, sich selber auch einmal eine Auszeit gönnt.

Das bedeutet, dass man einmal in der Woche etwas macht oder tut, was einem selbst Freude bereitet oder ein Lächeln schenkt. Denn auch der Kopf braucht mal eine Pause. Deshalb sich selbst zu belohnen und einmal shoppen oder irgendwo anders hingehen. Ich würde einmal in der Woche auch einen Tag einlegen wo man etwas mit seinen Freunden etwas machen kann. Trinken gehen oder Fußball schauen. Ja, vielleicht sogar 2-mal in der Woche so etwas unternimmt. Aber ganz wichtig ist, dass das alles unter der Woche geschieht, denn das Wochenende dient jemanden ganz anderes, dem man seine Zeit widmen sollte.

5. *Endlich Wochenende, dass bedeutet, dass diese 2,5 Tage in der Woche (Freitagmittag -Sonntagabend), der Familie gehört.*

Seinen Kindern und Frau, Freundin und die Eltern mal besuchen. Denn die Familie hält alles zusammen und nur eine glückliche Familie oder Ehe sorgt dafür, dass alles greifen kann, wenn man in einer Beziehung oder Ehe steckt. Sich komplett auf seine Kinder zu konzentrieren zu können braucht man Zeit und das geht nur wenn man komplett diese Zeit auch seinen Kindern und Frau/Mann widmet ohne, dass man wegmuss. Deshalb ist das Wochenende ideal, denn das bedeutet alle Termine können von Montag bis Freitagmittag stattfinden und 5 Tage ist genug Zeit. Das bedeutet nicht, dass man seinen Kindern jeden Abend nicht doch eine Gute Nacht Geschichte vorlesen kann. Natürlich ist es wichtig immer da zu sein. Für alle Singles bedeutet das Wochenende Habt Spaß und sucht am Wochenende jemanden, wenn ihr Euch verlieben wollt.

ES GIBT DINGE IM LEBEN, DIE SIND UNERKLÄRLICH UND MAN VERSTEHT VIELES IM LEBEN NICHT.

Auch wenn man eine Fehlgeburt hat oder Kinder Todkrank auf die Welt kommen. Man fragt und stellt sich eine Frage? WARUM? Dabei ist es eigentlich eine ganz Simpel Erklärung die man vielleicht am Anfang nicht verstehen kann, aber mit dem Laufe der Zeit verstehen wird, wenn man sich mit dem Thema beschäftigt und auseinandersetzt.

Gott liebt alle Menschen und alle Kinder und Babys kommen automatisch zu ihm hoch in den Himmel. Oftmals treten Zweifel auf, bin ich überhaupt soweit für mein Kind zu sorgen und werden wir überhaupt gute Eltern sein? Ich bin doch selbst noch ein Kind und jetzt soll ich Mutter werden? Wie gesagt Gott liebt uns Menschen über alles und weil Kinder und Babys Heilig sind, nimmt er die Last von uns weg, indem er die Kinder und Babys erlöst und sich zu ihm holt.

Sobald der erste Herzschlag schlägt ist schon ein Mensch geboren. Irgendwann wird der Zeitpunkt kommen wo alles passt wo man reif genug ist und dann wird es auch mit den Eltern oder der Mutter etwas werden und den Kindern kriegen, denn wie schon gesagt Gott liebt uns allen Menschen und möchte, dass wir glücklich sind und zufrieden leben. Gott kennt unser Umfeld und wenn er merkt, die Kinder werden keine Chance haben ist es besser sie gleich zu holen.

Wenn Kinder Todkrank sind, dann erlöst er sie und holt sie zu sich. Meistens wenn jemand von uns gegangen ist, kommt sofort wieder etwas Neues hinzu. Genauso ist es auch bei vielen Kindern die hungern müssen. Sie werden erlöst. Alle wirklich alle Kinder und Babys kommen in den Himmel. Das ist das tolle daran. Die meisten Menschen fangen erst dann überhaupt mit dem Glauben an, wenn etwas Schreckliches passiert ist oder etwas Schlimmes bevorsteht.

Deshalb gibt es auch so viel Leid Kummer und Schreckliches auf der Welt. Wer aber glaubt und betet, weiß auch, dass alles sich zum Guten wenden wird, denn unser Vater kümmert sich um all unsere Probleme und will uns helfen, denn er möchte wie gesagt, dass es uns gut geht und wenn wir selbst Zweifel haben, dann nimmt er die Last von uns weg, weil er uns so sehr liebt. Das sollten wir uns stehts zu Herzen nehmen. Alles was passiert, geschieht nicht einfach so, sondern hat alles einen Grund und Sinn auch wenn man es am Anfang nicht wahr haben will oder möchte.

Egal wie schlecht es uns geht und auch wenn wir total allein gelassen werden und uns keiner versteht, es gibt immer eine große Möglichkeit und das ist zu Gott beten und ihn zu Bitten uns zu helfen, was dann auch wirklich geschieht. Aber man sollte dann auch so ehrlich sein und es nicht als Zufall abstempeln, wenn nachdem Gebet plötzlich aus heiterem Himmel was Gutes geschieht und man dann geholfen wird.

Sondern Gott dankbar sein und daran an dem Glauben festhalten und sich nicht von irgendwelchen Zweifeln im Kopf oder von Menschen beeinflussen lassen und wieder in falschen Gedanken zu verfallen. Jesus Christus ist so gut und seine Liebe der Schlüssel zum Allen. Wenn du Jesus Christus in dein Leben lässt und ihn bittest dein Freund zu sein und eine Freundschaftliche Bindung zu ihm aufbaust.

Dann kannst du alles schaffen. Dann kannst du vom Tellerwäscher zum Millionär werden, wenn du natürlich immer in Liebe handelst und deine Mitmenschen mit Respekt begegnest und behandelst. Sei ein Vorbild und handle mit Liebe und Respekt, dann tust du automatisch immer das Richtige. Suche dir am besten Menschen aus, die dich so nehmen wie du bist und dich Lieben. Die deine Macken genauso mögen wie deine nette Art, denn niemand ist perfekt.

Vergebe den Menschen, die dich verletzt haben und bete für deine Mitmenschen und Freunden und deren Familie und dein Gebet wird erhört. Wenn du Jesus als Freund hast, dann hast du so eine innerliche Stärke, dass dir alles gelingen kann, denn wenn einer dich rausholen kann, dann dein Glaube und Liebe zu Jesus. Der für uns gestorben ist und alle Schmerzen auf sich genommen hat.

Trotzdem uns immer noch mit so viel Liebe, Wärme und Zuneigung vermittelt bzw. gibt und dass obwohl wir so böse Menschen sind, die vergessen haben zu Glauben nur weil wir uns so viele Ziele gesteckt haben, dass wir nachdem arbeiten und Ziele keine Zeit mehr fürs Beten haben. Dabei sind 5 bis 10 Minuten am ganzen Tag wirklich nicht viel und doch können diese Gebete so wertvoll und nützlich sein, dass es sich nochmals um 360 Grad wendet und zwar zum Guten.

Es gibt in der Bibel so viele tolle Psalmen (Gebete) für alles Mögliche und es tut so gut. Singen tut der Seele gut und es gibt auch tolle moderne Christliche Musik in verschiedener Sprache, die berühren und tun automatisch sehr gut. Es gibt sogar auch einen Sender Bibel TV, da kommen auch so gute und wertvolle

Sachen nur leider steht in den normalen Zeitungen kein Bibel TV Programm zur Verfügung.

Aber warum wohl um den Glauben zu vergessen. Deshalb wird oft Schrott geboten. Mord und Totschlag in unser Hirn eingebrannt. Das wir so ein Schrott auch Glauben und meinen es wird nur noch alles schlecht oder schlechter. Aber mit Gottes Vertrauen wird es so gut werden und man kann in der Zeit sogar, das Leben genießen. Für die ganz Jungen Menschen, die dauernd am Handy sind, gibt es sogar eine Bibel App. Ja, Gott ist so modern, moderner als wir jemals sein werden und er hat für uns alle Menschen einen guten Plan und das ist doch fantastisch. In Liebe und in Jesus Namen wünsche ich euch allen Gottes Segen.

Kapitel 2

DU SUCHST SCHON DEIN GANZES LEBEN NACH DEINER GROßEN ERFÜLLUNG?

Hast so ziemlich alles ausprobiert?

Hast verschiedene Berufe gemacht?

Hast Dich mit Partys und Drogen vollgestopft?

Hast Dich mit vielen Frauen/Männer beglückt?

Aber nichts hat Dich auf langer Sicht erfüllen können.

Dann komm zu unserem Team Jesus Christus (JC).

Denn dort begegnen wir uns auf Augenhöhe und mit Liebe.

Bei Team Jesus erwartet Dich Freude, Liebe, Erfüllung, Friede, Ausgeglichenheit

und noch viel mehr.

Das Allerbeste ist, du kannst heute schon bei uns Anfangen und brauchst keinen Lebenslauf abzugeben.

Das Einzige was du tun musst, ist dein Herz für Jesus zu öffnen und ihn zu Bitten zu dir zu kommen.

Jesus kann und wird dir alles geben, was du dir immer gewünscht hast. Ein erfülltes und Friedvolles Leben.

Denn Jesus liebt Dich so wie du bist. Mit all deinen Fehlern und Stärken. Jesus braucht genau Dich in seinem Team. Wir sind wie eine große Familie, die ständig wächst.

Wenn du Jesus näher kennenlernen willst, dann lies das Neue Testament von der Bibel. Das wahre Buch, dass die Menschen verändert kann und wird.

Worauf wartest du noch?

dass mir heute schon den ganzen Tag lang durch den Kopf ging. Es liegt mir wohl sehr am Herzen und es ist ein ziemlich Ernste Sache die viele Menschen nicht so ganz verstehen können, weil es sehr schmerzhaft ist. Aber trotzdem gibt es für alles einen Sinn. Nichts passiert ohne Grund. Mein Thema handelt von Fehlgeburt oder Menschen die Unfruchtbar sind. Es ist ein wirklich brutales Thema für alle beteiligten. Das uns alle zu Tränen rührt und uns den Boden unter den Füßen holt.

Trotzdem so bescheuert es für den einen oder die anderen klingen mag, liebt uns Gott über alles und handelt aus Liebe für uns alle Menschen. Es gibt mehrere Gründe, einmal wissen viele selbst nicht die Schwanger geworden sind, ob sie das Kind überhaupt haben wollen oder nicht und unser lieber Vater nimmt uns die Entscheidung ab, sprich die Last die vielen jungen Menschen haben wird automatisch ihnen genommen. Denn alle Kinder landen sowieso im Himmel bei unserem Vater (Gott). Dann gibt es Fehlgeburten, oder aber auch Menschen die Unfruchtbar sind. Aber nicht unbedingt um uns zu strafen, sondern um Kinder zu adoptieren die in Kinderheimen sich eine Familie wünschen und nur darauf warten, aus dem Kinderheim genommen zu werden. Oder in armen Ländern an Hunger und Armut leiden und auf eine bessere Zukunft irgendwo hoffen.

Es gibt viele Möglichkeiten wie man an Kinder rankommt, wenn man sich Kinder wünscht und das ist ein Zeichen unserem Vater, der auch an diese armen und einsamen Kinder denkt und hofft, dass wir sie aufnehmen und ihnen Liebe und Geborgenheit schenken, dass sie Gut und in Sicherheit aufwachsen können und überhaupt eine Zukunft haben. Da war bestimmt nicht die Rede von einer Leihmutter oder einen Samenspender gewesen. Denn was passiert mit den vielen armen Kinder in Heimen oder in armen Ländern, wenn jeder eine normale Familie gründet?

Gott handelt aus voller Liebe zu uns und möchte uns auf keinen Fall wehtun. Denn Gott ist die pure Liebe. Deshalb ist es zu verstehen, warum manche so ein Schicksal ertragen müssen, weil es zu viele arme Kinder auf dieser ganzen Welt gibt, die nur auf Liebe warten und Familien die sie aufnehmen und ihnen ebenfalls Liebe schenken. Ich denke, dass ist was Gott uns sagen möchte oder will, wenn man keine Kinder kriegen kann, dass er dann möchte, dass man Kinder adoptieren soll. Das würde jedenfalls großen Sinn ergeben und bei Gott macht alles Sinn auch wenn es am Anfang nur sehr schwer zu verstehen ist. Aber mit der Zeit wird man verstehen, warum das so sein sollte. Also einmal um uns Entscheidungen abzunehmen und zum Zweiten, um uns bewusst zu werden Kindern zu adoptieren. Beides wird aus Liebe zu uns gehandelt und das ist auch gut so. Denn Gott macht keine Fehler, weil er Perfekt ist und alles was er macht hat einen sehr guten Plan, der immer funktioniert. Das sollten wir uns alle zu Herzen nehmen.

ERMUTIGUNG 1:
HERZENSWÜNSCHE ERFÜLLEN!

Fragst du Dich auch oft, warum deine Herzenswünsche scheitern, oder nicht in Erfüllung gehen? Du hast alles selbst geplant und geregelt und dann kommt es doch ganz anders, als du dir das vorgestellt hast. Du warst wirklich kurz davor deine Träume nachzugehen und auf einmal alles weg.

Hast du es schon mal mit Gebet versucht, deine Herzenswünsche zu erfüllen? Ausgesprochene Gebete haben so eine große Macht und Wirkung. Das wissen viele Menschen gar nicht, oder nutzen diese viel zu wenig. Man sagt ja, Wissen ist Macht, aber was nützt es, wenn man sein Wissen nicht anwendet.

Gott liebt uns Menschen alle gleich und er möchte nur unser allerbestes. Aber von alleine kommt Jesus nicht auf uns zu, wenn wir ihn nicht in unser Leben und Alltag einladen. Gebete haben so eine große Macht und Wirkung, steht auch in der Bibel. 1. THESSALONICHER 5 16-18: Freut euch allezeit! Betet ohne Unterlass!

Seid in allem dankbar; denn das ist der Wille Gottes in

Christus Jesus für euch. Oder Markus 11 24: Darum sage ich euch: Alles, was ihr auch immer im Gebet erbittet, glaubt, dass ihr es empfangt, so wird es euch zuteilwerden! Oder Römer 12 12: Seid fröhlich in Hoffnung, in Bedrängnis haltet stand, seid beharrlich im Gebet! Oder Kolosser 4 2: Seid ausdauernd im Gebet und wacht darin mit Danksagung. Oder Matthäus 26 41: Wacht und betet, damit ihr nicht in Versuchung kommt! Der Geist ist willig, aber das Fleisch ist schwach.

Oder 1. Johannes 5 14: Und das ist die Freimütigkeit, die wir ihm gegenüber haben, dass er uns hört, wenn wir seinem Willen gemäß um etwas bitten. Oder PHILIPPER 4 6-7: Sorgt euch um nichts; sondern in allem lasst durch Gebet und Flehen mit Danksagung eure Anliegen an Gott kundwerden. Und der Friede Gottes, der allen Verstand übersteigt, wird eure Herzen und eure Gedanken bewahren in Christus Jesus!

Oder Psalm 20 5: Er gebe dir, was dein Herz begehrt, und lasse alle deine Vorhaben gelingen! Oder Sprüche 16 3: Befiehl dem Herrn deine Werke, und deine Pläne werden zustande kommen. Und noch sehr viele weitere Beispiele sind in der Bibel zu finden.

Der Trick ist eigentlich ganz einfach, wenn du wieder etwas auf dem Herzen hast. Einen Wunsch, ein Kindheitstraum, oder Pläne für deine Zukunft hast, dann sprich immer zuerst mit Gott darüber oder mit Jesus für dein Anliegen. Bitte ihn für deine Ziele in seinem Namen, (Zum Schluss Gebetsende letzter Satz In Jesu Namen Amen) und bedanke dich gleichzeitig bei ihm, und glaube daran, dass er deinen Wunsch, Ziel, Vorhaben segnen und erfüllen wird. Bete täglich darum.

Lass nicht locker und sei geduldig, wenn es ein paar Tage oder Wochen dauert. Aber Gott wird sich darum kümmern. Genauso müssen wir auch planen, nämlich immer mit Gott. Denn nur so kann der Glaube und die Gottesbeziehung auch wachsen. Gott um etwas bitten, daran glauben, dass Gott sich darum kümmert und sich bei Gott dafür bedanken. Das sind die 3 Dinge die wir beachten müssen. Probiere es das nächste Mal aus.

ERMUTIGUNG 2: AUSZEIT NEHMEN

Wann hast du dir das letzte Mal eine Auszeit gegönnt? Ich meine so richtig wo du mal nichts gemacht hast und deine Füße hochgelegt hast? Kannst du dich daran noch erinnern? Wenn nicht, dann wird es höchste Zeit, sich mal auf sich und seinen eigenen Körper und Bedürfnisse zu achten.

Mindestens einmal pro Woche sollen wir nicht arbeiten und uns ausruhen. Schon Gott hat am 7. Tage völlig geruht. Hat 6 Tage am Stück gearbeitet und am 7. Tage sich ausgeruht. Deshalb hat er auch den Sabbat eingeführt für uns Menschen, dass wir mal nicht an Arbeit denken, sondern für unsere Familie da sind. Oder wenn man keine Familie hat, dann mit Freunden unterwegs sein kann, oder aber nur für sich um sich mal von der Woche zu erholen.

Wenn es möglich ist, dann versuche dir einen Tag in der Woche freizuschaufeln, wo du gar nicht arbeiten musst. Und lege die Arbeit da nieder und tue etwas für dich oder deiner Familie bzw. treffe dich mit deinen Freunden. Denn der Sabbat dient für uns Menschen, dass wir uns nicht Körperlich kaputt machen und uns kaputt rennen, sondern dass wir uns auch mal wenigstens einmal in der Woche ausruhen können.

Du kannst den Tag auch mit Gott nutzen, wenn du es sonst nicht schaffst in der Woche, dass du dann da in diesem Tag mit Jesus redest. Eine Gottesbeziehung zu haben tut nicht nur deiner Seele sehr gut, sondern wirkt sich auf deinen ganzen Körper und Geist positiv aus. Du kannst dabei Musik hören, in der Bibel lesen, eine Predigt anhören, Bibel TV schauen oder einfach nur Beten. Still wie laut. Du wirst schnell merken und feststellen wie dich das verändern wird und wie du leichter ruhiger und gelassener wirst. Jesus selbst sagt zu uns in der Bibel Johannes 14.27: Frieden hinterlasse ich euch; meinen Frieden gebe ich euch.

Nicht wie die Welt gibt, gebe ich euch; Euer Herz erschrecke nicht und verzage nicht! Außerdem ist er auch unser Versorger und arbeitet am 7. Tag sprich an dem Tag wo wir den Sabbat einlegen für uns Menschen. Das heißt Gott kennt unsere Bedürfnisse und weiß was wir zum Leben brauchen. Er kennt uns alle in und auswendig. Er hat uns schließlich auch gemacht.

Jesus möchte nur das Beste für uns Menschen. Deshalb

ist es wichtig nach ihm zu suchen, wenn man sich noch keine Gedanken darüber gemacht hat. Weil, jeder Mensch der eine Gottesbeziehung hat, hat sehr viele Vorteile. Natürlich heißt, dass nicht, dass wir aus allem heraus sind und nie mehr leiden müssen.

Das stimmt leider nicht, man muss sehr viel leiden, aber es lohnt sich trotzdem, weil sich alles zum Guten und Besten also zu Gunsten für sich selbst entschieden wird. Am Ende gewinnt man doch, auch wenn es lange nicht so aussieht. Alleine deswegen, sollte man sich Gedanken machen, ob man es nicht doch versuchen möchte mit Gott in Kontakt zu treten.

ERMUTIGUNG 3: GUTE LAUNE BEKOMMEN

Spürst du auch die Freude und gute Laune in dir? Fühlst du die Super-Dupper Laune? Du könntest die ganze Welt umarmen. Lass es einfach raus. Lache von Herzen, denn Lachen tut gut!

Wann warst du das letzte Mal so richtig gut drauf? Kleiner Tipp. Tiervideos bringen dich zum Lachen, oder aber auch Babylache stecken so richtig an. Ich weiß von was ich rede, habe schon beides ausprobiert und es funktioniert alles wunderbar.

Gerade in der heutigen Zeit, ist es extrem wichtig zu Lachen undvor Freude nur zu sprudeln. Lachyoga kann man auch machen, mit aber auch ohne Spiegel. Sich selber immer wieder die gute Laune einreden und immer wieder Laut oder auch Gedanklich sagen, ich bin heute gutgelaunt und ich lasse mir diese gute Laune nicht nehmen.

Da kann kommen was und wer will, ich ziehe meine Freude heute durch. Egal, was in den Medien steht, egal was in den Nachrichten läuft. Ist eh immer dasselbe Band, das täglich läuft so nachdem Motto und täglich heult oder weint das Murmeltier. Ich lasse die Nachrichten aus, einmal am Tag reicht, eigentlich wenn eine Woche lang keine Nachrichten hört, dann verpasst man nichts nur das man eine Woche lang bessere Laune hat.

Egal ob Corona, ob Krieg, ob Mieterhöhung, usw. und sofort. Es wird immer was geben was uns versucht herunterzuziehen. Dabei sind wir Menschen nicht gemacht um zu jammern und zu heulen und nur schlechte Laune zu haben. Selbst der deutsche nicht. Wir sind gemacht um gute Laune zu haben.

Um Freudig durchs ganze Leben zu gehen. Steht schon in der Bibel drin, Freuet euch allezeit! Betet ohne Unterlass! Seid in allem dankbar: denn das ist der Wille Gottes in Christus Jesus für euch.

Was so viel bedeutet wie Freut Euch immer egal wie es Euch gerade geht. Auch wenn es Euch gerade schlecht geht, freut euch trotzdem, denn es könnte immer noch schlimmer sein.
Wenn ihr nicht wisst, wie man an gute Freude rankommt, dann betet zu Gott, Oh Herr bitte schenke du mir gute Laune ich bin zurzeit gar nicht gut drauf. Dann werdet ihr merken, wie der Heilige Geist in Euch

Freude und gute Laune schenkt und ihr plötzlich einen Lachflash bekommt und ihr einfach gut drauf seid und wisst gar nicht woher auf einmal, eigentlich ist mir nicht zum Lachen zu Mute, aber ich kann nicht anders.

Ja, der Heilige Geist macht es möglich. Jesus hilft uns, seine gute Laune und Freude in uns auszuleben. Das sich auf uns überträgt. Aber wie immer gilt es Jesus oder Gott darum zu Bitten und anschließend dankbar zu sein, dass er unsere Bitte erhört hat und es uns gegeben hat.

Denn Jesus Gott ist ein Gentleman und mischt sich nicht einfach so in Eure Angelegenheiten ein, wenn ihr es nicht wollt. Ich habe das alles schon selbst erfahren dürfen. Es funktioniert. Manchmal dauert die Freude paar Minuten bis es in uns wirkt, kann aber auch schon nach wenigen Sekunden passieren.

Probiert es einfach mal aus, wenn ihr schlechte Laune habt und seid gespannt was danach geschieht.

ERMUTIGUNG 4: DURCH LEID GEHEN

Manchmal werden wir im Leben Momente oder Situationen erleben, die uns den Füßen vom Boden herunterziehen und wir komplette leere spüren. Das kann alles Mögliche sein. Z.B. Du hast ein Kind verloren oder du kannst aus verschiedenen Gründen nicht schwanger werden. Vielleicht bist du schwer krank geworden
und dir fehlt die Kraft und Hoffnung. Vielleicht hat deine Freundin oder dein Freund gerade mit dir Schluss gemacht oder gar betrogen.

Vielleicht wart ihr jahrelang glücklich verheiratet und plötzlich wird die Scheidung eingereicht. Vielleicht hast du gerade deinen Job verloren und du weißt selbst wie schwer es ist einen guten Beruf zu bekommen. Und du brauchst aber das Geld für deine Wohnung. Und ihr alle fühlt Euch so alleine und einsam und niemand kann Euch dabei helfen, eure Leere zu füllen.

Und ihr fragt Euch, Gott warum tust du mir das an? Warum lässt du mich so leiden? Was habe ich nur falsch gemacht. Es gibt Dinge im Leben, die werden wir niemals verstehen können, aber eines weiß ich gewiss. Gott/Jesus ist immer da.

Gott weiß wie es sich anfühlt, wenn man sein Kind verliert, er selbst hat seinen Sohn Jesus aus Liebe für uns Menschen geopfert,
dass alle Menschen, die an seinen Sohn Jesus glauben und ihn als seinen Erlöser und Retter anerkennen, gerettet werden und ewiges
Leben erhalten. Gott, der als Jesus zu uns auf die Erde kam um uns zu dienen.

Gott erniedrigte sich völlig und lehnte alles Ruhm und Macht ab und tauschte es komplett aus um uns zu dienen. Er nahm alle Schmerzen auf sich, Peitsche hieben. Er wurde unschuldig an Kreuz genagelt und nahm alle Schmerzen und Schuld unsererseits aus Liebe zu uns auf sich und trotzdem hat er uns längst vergeben und liebt uns immer noch.

Wir denken immer, wenn wir leiden müssen, dass es eine Bestrafung für uns Menschen ist. Warum bestraft mich Gott so? Ich habe ein Kind verloren, warum bestraft mich Gott so! Ich kann nicht Schwanger werden. Warum bestraft mich Gott so! Mein Kind ist behindert. Warum bestraft mich Gott so!

Ich habe meinen Job verloren. Warum bestraft mich Gott so? Warum bin ich schwer krank geworden. Warum bestraft mich Gott so? Meine Ehe geht auseinander, meine Freundin oder Freund hat mich betrogen! Warum? Gott!

Die Antwort ist, dass es eigentlich keine Bestrafung ist. In dem Wort Leiden, steckt viel mehr auch. Ich kann Dich leiden. Ich kann Dich sehr gut leiden. Bedeutet auch so viel wie ich mag dich sehr, ich liebe Dich sehr. Jesus der überhaupt keine Schuld trug musste sehr viel leiden, sehr viel leiden und obwohl er das wusste, nahm er alles ohne Gegenwehr auf sich. Aus Liebe zu uns Menschen. Alle Kinder landen bei Jesus Gott automatisch.

Denn Gott liebt uns alle Menschen gleich und Kinder besonders. Gott kann Dich sehr gut leiden, weil er Dich liebt. Gott kann uns sehr viel leiden, weil er uns Menschen alle liebt. Wir alle müssen leiden, aber nicht um bestraft zu werden, sondern um stärker zu werden. Um unser Glauben an Gott zu bestätigen, denn das ist auch immer wieder eine Vertrauenssache und auch eine Kontrolle.

Gott kontrolliert uns dabei ob wir es wirklich ernst

meinen mit unserem Glauben oder ob wir es nur so daher sagen. Und die Menschen die noch nie einen Bezug auf Gott haben, möchte er natürlich uns auf ihn Gott aufmerksam machen. Gott tut das nicht aus Bestrafung zu uns, sondern immer aus Liebe zu uns.

Oftmals können wir nicht nein sagen und obwohl wir zu Gutmütig und Körperlich am Ende sind sagen wir ja statt nein. Dann werden wir natürlich Krank, aber nicht, weil Gott uns bestrafen will, sondern, dass wir mal zu Ruhe kommen können und uns ausruhen können. Das nennt man dann Höhere Gewalt.

Wir müssen Lernen, dass es auch okay ist Nein zu sagen. Gott liebt uns einfach so wie wir sind und nicht weil wir Leistungen bringen. Wir müssen nichts tun um geliebt zu sein. In Gottes Augen sind wir so wie wir sind gut genug. Jede Situation ist eine Lernphase und der Glaube an Gott bringt uns dadurch.

Wenn sich eine Türe schließt, dann öffnet sich mehrere Türen, die sogar besser sind als das was wir gerade durchmachen müssen. Gott hat einen Plan für uns alle Menschen und er möchte nur das Allerbeste für uns Menschen.

ERMUTIGUNG 5:
LEBENSANLEITUNG

Kennst du das Gefühl, du bist am Zocken und bleibst immer wieder an derselbe Stelle hängen und kommst einfach keinen Schritt weiter? Du spielst Stunden, Tage, Wochen das Spiel und schaffst einfach nicht diese eine Stelle und hast wirklich schon alles versucht und ausprobiert.

Doch selbst kommst du einfach nicht drauf und weißt einfach nicht die Komplettlösung für diese Stelle? Du willst es ohne Hilfe und alleine schaffen. Und dir vergeht der Spaß und du bekommst schlechte Laune und hast keine Lust mehr auf dieses Spiel.

Erst als du über deinen eigenen Schatten springst und du dir nach Hilfe suchst und du dir die Komplettlösung anschaust. Kommst du endlich weiter. Genauso wie das Computerspiel ist, läuft unser Leben ab. Nur dass Gott der uns geschaffen hat die Komplettlösung für unser ganzes Leben hat.

Diese erste Erkenntnis zu besitzen und Gott Jesus nach der Lösung deines Problems zu fragen und seine Hilfe die er für Dich hat in Anspruch zu nehmen. Ist der erste große Schritt in die richtige Richtung. Wenn du Gott in deinem Leben lässt und er die Kontrolle für dein Leben übernehmen darf, dann wird dir alles gelingen und deine Probleme werden verschwinden und ein anderer Weg wirst du gehen, der viel besser und gesünder für dich ist.

Egal ob du Suchtprobleme wie (Sexsucht, Drogensucht, Magersucht, Spielsucht, oder eine andere Sucht) hast. Wenn du Jesus/Gott um Hilfe bittest und über deinen eigenen Schatten springst und dir selber eingestehst, dass du es alleine nicht schaffst und Hilfe brauchst, dann wird dir Gott helfen und deine Sucht für Dich besiegen.

Es liegt also an dir selber wie du Dich entscheidest. Ob du die Hilfe von Gott/Jesus die dir zusteht annimmst oder nicht. Aber was hast
du schon zu verlieren? Ich denke auf ein oder mehrere Versuche es auszuprobieren kann dir nicht schaden. Aber es kann dir dein Leben verändern.

Die Bibel ist die Lebensanleitung oder auch Komplettlösung für unser Leben. Da steht alles drin was man wissen muss um zu Leben. Es gibt viele Bibelapps auf Handy oder auch im Internet kann man die Bibel lesen, wenn man keine Bibel zur Verfügung hat. Bibel TV kann man auch Empfangen. Es gibt viele Wege wie man an Gottes Wort rankommt.

Denn deine Erfüllung findest du nicht in der Welt, sondern nur bei Jesus/Gott. Er ist nur ein Gebet von dir entfernt, egal wo du bist. Zu jederzeit erreichbar. Er wartet nur auf Dich und deine Entscheidung zu Leben.

Hallo liebe Schwester, hallo lieber Bruder!

Hast du gewusst, dass wir alles Geschwister sind? In Gottes Augen sind wir alles Brüder und Schwestern. Und ich möchte dich ermutigen an Dich zu glauben, denn ich tue das. Gott liebt Dich so sehr, und ob du es selber glaubst oder nicht, hat er etwas Besseres für Dich vor.

Du bist nicht geboren um auf der Straße zu Leben. Du bist auch nicht geboren um in der Prostitution zu arbeiten.

Du musst auch keine Drogen nehmen oder verkaufen. Gott liebt Dich so wie du bist.

Er selber kam vor über 2000 Jahren auf die Erde zu uns um uns zu zeigen wie richtiges Leben funktioniert.

Er trug damals den Namen Jesus. Über 30 Jahre lebte er mit uns Menschen auf der Erde und starb dann einfach so aus der Liebe für uns am Kreuz, dass jeder Mensch egal wie alt er ist, die Chance bekommt ein

Kind Gottes zu werden, wenn man an ihn glaubt und seine Sünden, die jeder Mensch macht bereut und Jesus (Gott) als seinen Erlöser und König annimmt.

Außerdem erhält man Ewiges Leben, das bedeutet, auch wenn man stirbt am Ende doch die Seele weiterlebt und wir bei Jesus sind.

Das geht schon mit wenigen Sätzen. Mein Gott Jesus, ich bitte Dich vom ganzen Herzen, komm in meinem Leben, denn ich schaffe es nicht ohne Dich. Ich bekenne, dass ich ein Sünder bin und bitte um Vergebung meiner Sünden. Hilf du mir in meinem Leben und führe mich auf den richtigen Weg. Ich gebe dir mein ganzes Leben hin. Ich glaube an Dich Jesus und danke dir, dass du mich gerettet hast. In Jesu Namen, **Amen**.

Probiere es gleich aus und lass Dich überraschen. Egal in welcher Situation du dich gerade befindest. Gott kennt alle deine Probleme und hat für jedes deiner Probleme die Lösung parat. Doch du musst wissen, dass Gott ein Gentleman ist und sich nicht in dein Leben einmischt, wenn du es nicht willst.

Aber jeder der nach mir sucht wird finden und jeder der

bei mir anklopft, dem wird aufgetan. Manche Menschen sind so verzweifelt, dass sie Gott anschreien und sagen, Gott wenn es dich wirklich gibt, dann zeig dich mir, dann gib dich zu erkennen. Danach wirst du so eine Wärme und Liebe spüren, die du nicht beschreiben kannst und so einen Frieden haben, die dir die Welt nicht geben kann, sondern nur Gott selbst.

ERMUTIGUNG 7: GLAUBE AN GOTT UND JESUS

Johannes 14,1-14 aus der Schlachter Bibel:

Euer Herz erschrecke nicht! Glaubt an Gott und glaubt an mich! Im Haus meines Vaters sind viele Wohnungen; wenn nicht, so hätte ich es Euch gesagt. Ich gehe hin, um euch eine Stätte zu bereiten. Und wenn ich hingehe und euch eine Stätte bereite, so komme ich wieder und werde euch zu mir nehmen, damit auch ihr seid, wo ich bin. Wohin ich aber gehe, wisst ihr, und ihr kennt den Weg.

Thomas spricht zu ihm: Herr, wie wissen nicht wohin du gehst, und wie können wir den Weg kennen? Jesus spricht zu ihm: Ich bin der Weg, und die Wahrheit und das Leben; niemand kommt zum Vater als nur durch mich! Wenn ihr mich erkannt hättet, so hättet ihr auch meinen Vater erkannt; und von nun an erkennt ihr ihn und habt ihn gesehen.

Philippus spricht zu ihm: Herr, zeige uns den Vater, so genügt es uns! Jesus spricht zu ihm: So lange Zeit bin ich bei euch, und du hast mich noch nicht erkannt, Philippus?

Wer mich gesehen hat, der hat den Vater gesehen. Wie kannst du da sagen: Zeige uns den Vater? Glaubst du nicht, dass ich im Vater bin und der Vater in mir ist? Die Worte, die ich zu euch rede, rede ich nicht aus mir selbst; und der Vater, der in mir wohnt, der tut die Werke. Glaubt mir, dass ich im Vater bin und der Vater in mir ist; wenn nicht, so glaubt mir doch um der Werke willen! Wahrlich, wahrlich, ich sage euch: Wer an mich glaubt, der wird die Werke auch tun, die ich tue, und wird größere als diese tun, weil ich zu meinem Vater gehe.

Und alles, was ihr bitten werdet in meinem Namen, das will ich tun, damit der Vater verherrlicht wird in dem Sohn. Wenn ihr etwas bitten werdet in meinem Namen, so werde ich es tun.

Da steckt so viel Großes drin. Jesus sagt zu uns: Glaubt an Gott und glaubt an mich. Ich bin der Weg und die Wahrheit und das Leben. Wer mich gesehen hat, der hat den Vater gesehen. Ich gehe um euch eine Wohnung vorzubereiten und wenn eure Wohnung fertig ist, dann komme ich wieder um Euch zu holen, dass ihr bei mir seid.

Was eine tolle Nachricht. Danach streben wir nach einer Familie, Geborgenheit und ein Zuhause. Jesus selbst bietet uns seine Zusage an, dass einzige was wir tun müssen ist, an Jesus zu glauben, denn er ist unser Gott. Glaubt an Gott und glaubt an mich!

Vielleicht bist du auch jemand, der nach der Wahrheit sucht, der nach Liebe und Geborgenheit sucht. Der nach ein zuhause sucht! Vielleicht hast du mit deinem Leben schon abgeschlossen, denn die Enttäuschungen waren einfach zu groß für Dich. Lass dir eines gesagt sein, auch für Dich gibt es Hoffnung auf ein besseres Leben.

Glaube ab Gott und glaube an Jesus. Er kann dir ein sehr guter Vaterersatz sein. Gib ihm die Chance, dir ein neues Leben zu schenken. Denn wenn es einer kann, dann Jesus!

Kapitel 3

Jesus, danke das du einfach immer an meiner Seite bist. Morgens wenn ich aufstehe, dann denke ich an dich.

Meine Gedanken drehen sich die ganze Zeit um dich. Du bist einfach immer da und ich spüre deine Nähe und Geborgenheit. Es fühlt sich so echt an.

Danke auch, dass du mich immer sofort heilst. Erst gestern früh am morgen wieder. Mir war so schlecht und übel und wäre fast nicht zur Arbeit gegangen, aber ein kurzes Gebet um Heilung, hatte keine 5 Minuten gedauert und die Übelkeit war weg 😊 So ging es mir zich male und jedes Mal hast du mir meine Übelkeit genommen. Ich kann absolut an Dich und deiner Macht glauben, weil ich es selber jedes Mal erfahren darf. Kein Arzt oder Medizin ist besser als du lieber Jesus. Denn erstens kostest du nichts und zweitens gibt es keinerlei Nebenwirkung .

Jesus, danke dass du mir auch immer wieder Neue Ideen und Impulse gibst, die mein Herz bereichern. Du überraschst mich jeden Tag aufs Neue. Du steckst voller Überraschungen und weißt immer die richtige Antwort.

Lieber Jesus, es gibt keinen einzigen Tag, an dem ich dich nicht brauche. Ich brauche Dich jeden Tag. Denn ohne Dich bin ich nichts aber mit dir lieber Jesus bin ich alles. Du machst meinen Leben Sinnvoll. Ich danke dir vom ganzen Herzen, dafür, dass du immer bei mir bist. Egal, wie spät es ist. Du hast immer Zeit für mich. Ich könnte dich um 3:00 Uhr morgens anrufen und du würdest dir sofort Zeit für mich nehmen. Es ist Wahnsinn. Andere würden komplett ausrasten und mir sagen, ob ich sie noch alle hätte und ob es nicht Zeit bis morgen oder sonst wann hätte. Aber du lieber Jesus, bist offen und Herzlich und schenkst mir deine ganze Liebe.

Jesus, du bist mein wahrer Held und Vorbild. Ich schaue zu dir rauf und bewundere deine liebenden Taten und Worten. Dir war nichts zu viel und hast jeden deine Aufmerksamkeit geschenkt dir jeder verdient hatte.

Jesus, du bist einfach treu und ehrlich und machst es einfach. Du packst an wo Hilfe benötigt worden war und botest jedem deine Hilfe an. Deine Liebe ist bedingungslos und kostet uns nichts. Nur rufen können wir Dich und schon bist du da. So einfach ist das Ganze.

Der Glaube wird durch Gute Taten aktiviert. Sprich, erst dich Jesus, als unser Erretter und Erlöser Dich annehmen und dann der Glaube durch Gute Taten aktivieren. Wir dürfen sogar in deinen Namen Beten und Bitten und schon wird das Gebet erhört und in die Tat umgesetzt und kann schon nach paar Minuten in Erfüllung gehen.

Jesus, ich liebe Dich.

Danke lieber Jesus für alles was du für mich getan hast und noch tun wirst. Ich lasse mich jedenfalls gerne von dir überraschen und leiten. Denn du bist mein ein und alles. Mein einzig wahrer König und Herrscher. Mein Meister und mein Weg. Die Wahrheit und das Ewige Leben. In Jesu Namen. ***Amen***.

BRIEF AN JESUS:

Hallo lieber Jesus,

ich hoffe es geht dir sehr gut und eure Vorbereitungen laufen sehr gut. Sicherlich hast du eine ganze Menge zu tun und einen Berg voll Arbeit auf deinem Schreibtisch liegen von vielen Anfragen. Da will ich natürlich auch nicht lange stören. Immerhin soll man schaffende ja nicht aufhalten. Du glaubst ja gar nicht wie sehr ich mich freue, dich endlich sehen zu können. Ich habe einige Fragen, die ich dir lieber Jesus sehr gerne stellen würde. Z.B. wie ist das Wetter bei Euch so? Regnet es da auch so viel wie bei uns auf Erden? Oder stürmt und hagelt es da? Vielleicht habt ihr ja auch nur schönes Wetter und immer Zimmertemperatur. Also gute 22 Grad. Wie sieht so dein Alltag aus? Kannst du mich da mal mitnehmen und mir von deinem jetzigen Leben erzählen? Bin so neugierig wie ein kleines Kind. Von mir brauche ich dir ja nichts zu sagen, denn du kennst mich besser als ich mich selbst und weißt jeden nächsten Schritt schon im Voraus von mir. Ich lasse mich da lieber von dir überraschen. Ich weiß, dass du den besten Plan für mich hast und dafür bin ich dir sehr, sehr dankbar, mein großer Bruder. Ich muss mich bei dir lieber Jesus Christus ganz arg entschuldigen, dass ich dir erst jetzt schreibe, und nicht schon sehr viel früher mich bei dir bedankt habe.

Du weißt ja, wie die Zeit heutzutage tickt. Nur Stress auf der Arbeit und dann meine ganzen Hobbys. 7 Tage die Woche komplett ausgebucht und so ging es Jahr um Jahr so. Ich will mir aber keine Ausrede ausdenken, dass ist nämlich kein Grund, sich wenigstens eine Stunde am Tag für Dich sich Zeit zu nehmen. 1 Stunde am Tag verteilt in Lobpreis und Anbetung, ist wirklich nicht zu viel verlangt von dir. Immerhin hast du für mich alles gegeben und hast dir sogar für mich das Leben gegeben. Und das ganze aus Liebe zu mir.

Wow, da geht mein Herz auf und mir kommen die Tränen nur so herunter, wenn ich nur daran denke, wie viel Schmerz und Leid du dir wegen mir hast aushalten müssen. Und trotzdem vergibst du mir meine Sünden. Für mich bist du nicht nur der große Bruder, oder Erlöser bzw. Retter, sondern auch das Vorbild der gesamten Menschheit und somit mein König aller Könige und Gott. Du bist so herrlich, wunderbar und würdig. Du bist barmherzig und voller Güte und voller Gnade.

Tja, Jesus, du bist der liebste Mensch, der jemals hier auf Erden gelebt hatte und ich freue mich Dich bald Live zu sehen und in deine Armen zu fallen. Natürlich habe ich noch viele andere Fragen, die ich von dir wissen möchte, aber ich komme gleich mal fürs Erste zum Ende. Ich bitte Dich nur noch einen Gruß an unserem Vater auszurichten. Und ihm alles Liebe zu wünschen. Ich hoffe, unserem Vater geht es auch sehr gut und er regt sich nicht so viel auf, denn das ist es erst nicht wert.

Danke lieber Jesus, du kannst ja mir auch etwas über unserem Vater erzählen. Das wäre sehr schön von dir. So lieber Jesus, jetzt wünsche ich Euch eine tolle Woche und eine stressfreie Zeit. Ich weiß, dass wir uns bald sehen werden und bis dahin, hoffe ich auf eine baldige Antwort.

Es wäre sehr schön von Euch zu hören. Habt einen himmlischen Segen an alle und ich melde mich wieder bei Euch.

Amen!

EINGANGSGEDICHT

Jesus ich bitte Dich komm in meinem Leben,

denn etwas schöneres kann es nicht geben.

Lieber Jesus ich möchte dir etwas verkünden

Und bitte dich um Vergebung meiner Sünden.

Am Kreuz gestorben bist du für mich

Nahmst alle Schmerzen und Last auf Dich.

Deine Liebe ist unendlich groß

Und nimmst jeden in deinen Schoß.

Der sich zu dir bekennt und Dich als sein Erlöser sieht.

Für mich es keinen besseren König und Retter gibt.

Als Dich lieber Herr Jesus Christus.

Ich brauche Dich jeden Tag und Nacht,

denn du gibst immer auf mich Acht.

Egal ob es mir gut oder schlecht geht,

Weiß ich einfach immer, wer zu mir steht.

Denn du liebst schon immer und willst nur das Beste
für mich

Ich danke dir so sehr dafür und liebe Dich.

Ich möchte für immer und ewig bei dir sein,

darum lieber Jesus trete in mein Leben ein.

Belehre mich täglich mit deinem Geist, und seinen
Gaben

Denn ich möchte alle guten Eigenschaften haben.

Um Menschen zu helfen und zu dienen, wie du es als
Vorbild getan hast.

Du fielst niemanden zu Last.

Ganz im Gegenteil: Du hast dich immer an alle Gebote
gehalten.

Ich glaube an die Bibel, denn jedes Wort ist wahr

Du lieber Jesus bist einfach herrlich und wunderbar.

Darum möchte ich dir meine Liebe schenken

Wirklich jeden Tag an Dich glauben und denken.

Dein Blut macht mich rein.

Ich danke dir für alles und möchte für immer und ewig
bei Dir sein.

In Liebe dein/e............

Amen.

Die Lösung für jedes Problem heißt:

C
H
R
I
J E S U S
T
U
S

Es gibt immer eine Lösung:

SO WIE MACHE ICH DAS? WIE WIRD JESUS CHRISTUS DEIN BZW. MEIN FREUND?

Durch z.B. Gebete. Jesus Christus Bitte vergib mir meine Sünden, denn ich weiß ich bin ein Sünder und nur du kannst mich davon befreien. Ich bitte dich komm in mein Leben und hilf mir mein Leben wieder in den Griff zu bekommen. Ich brauche Dich lieber Jesus so sehr und bin dir so dankbar, und glaube daran, dass du dich für mich geopfert hast und dir alle meine Sünden genommen hast. Du bist der einzige Würdige und ich würde mich sehr freuen, wenn du mein Freund werden würdest. Meine Tür steht dir zu jeder Zeit offen. Sende mir deinen Heiligen Geist zu, der mich mit deinen Gaben leert, einen besseren und gesunden Menschen zu machen, der liebevoll handelt und immer hilfsbereit ist, so wie du es uns als Vorbild gezeigt hast lieber Jesus Christus. Ich möchte mit dir zusammen die Ewigkeit feiern und tanzen. Für immer und ewig in Frieden, Freude und in Liebe ein Leben lang genießen. Vielen herzlichen Dank lieber Jesus Christus. Im Namen des Vaters, des Sohnes und des Heiligen Geistes Amen. So in etwa könnte ein Gebet aussehen. Der zweite Schritt was ich täglich mache ist Lobpreis Musik hören bzw. Singen. Gotteslieder Moderne Songs. Deutsch wie auch Englische Musik. Auch Worship genannt. Morgens 45. Minuten dazu ein Gebet. Das ich Jesus mein Leben in seiner Hand gebe und er was wunderschönes parat für mich hat und mich überraschen kann z.B. Außerdem soll er mir seinen Geist senden, der mich mit Power und Energie aufladet und mein Akku wieder vollmacht. Das ich jeden Tag bei der Arbeit ohne Probleme schaffen werde auch wenn er manchmal 10 Stunden dauert. Mittags nachdem Arbeiten, bedanke ich mich erst einmal für den bisher schönen Ablauf und die Energie die ich jedes Mal bekommen habe um alles Gut zu überstehen, was ich bei der Arbeit immer sehr gut gebrauchen kann. Dann wieder etwa 2 Stunden Lobpreis dazu und abends mache ich dann sogar das Abendmahl. Ich lese auch Psalmen Gebete in der Bibel. Psalm 21 und 91 lese ich jeden Tag, morgens, und abends manchmal auch mittags. Es ist wie eine Sucht die ich zum täglichen Leben brauche. Aber wie gesagt ich bereue keine einzige Sekunde und bin so dankbar, dass wir uns für ein besseres Leben entscheiden können und dürfen. Meine Seele soll es später mal sehr guthaben, deshalb ist es wichtig früh genug damit anzufangen und was dafür zu machen. Denn man bekommt im Leben nichts geschenkt auch später nicht. Ich persönlich ist aber nur meine Meinung dazu, finde es extrem wichtig und förderlich so eine Liebe und Wärme anzunehmen und diese auch zu nutzen, wenn mir schon so etwas umsonst geboten wird. Denn Jesus Christus kostet keinen Cent, du kannst jederzeit bei ihm anklopfen sogar jetzt heute, gleich nachdem du mein Beitrag dazu gelesen hast, kannst du es ausprobieren und Jesus würde sich sehr über dich freuen. Wo bekommt man noch sehr gute Sache umsonst? Nirgends, selbst Lebensberater die dir nützliche Tipps zum Leben geben kosten sehr viel Geld, und die können nichts zum Vergleich was Jesus Christus dir auf deinen Weg mitgibt und alles Geschenk oder Abbo dazu schenkt dir Jesus Christus gleich, das ewige Leben für immer und ewig und nimmt dich mit in sein Reich. Das bekommst du nirgendwo anders geboten oder geschenkt. Jesus hält zu seinem Wort und allein das zählt und das Angebot ist fast nicht auszuschlagen. Also überleg es dir, was hast du schon zu verlieren Jesus als dein bester Freund in deiner Freundesliste aufzunehmen? Nichts, wirklich rein gar nichts. Deshalb probiere es einfach mal aus und ich verspreche dir, du wirst es nicht bereuen! Ich wünsche Euch allen eine gesegnete Zeit und möge Jesus zu Euch kommen.

Amen!

JESUS IST SO GUT. WARUM ICH DAVON ERZÄHLE?

Weil ich es selbst erlebt habe. Erst gestern wieder. Ich hatte über 8 Stunden gearbeitet war kaum 90 Minuten zu Hause und ging weiter, denn es gab noch ein Konzert zu bestreiten. Ich singe nämlich in einem Chor. Es waren 27 Programm Punkte und um 19:30 Uhr ging das Konzert los auch mit Ehrungen. Um 16:45 Uhr wurde ich abgeholt. Essen gab es erst ab der Pause. Als das Konzert um 19:30 Uhr los ging war mir ziemlich schlecht und ich war kurz davor mich zu übergeben. Ich war beim Singen schon leicht angesäuert. Aber ich musste irgendwie 14 bis 15 Programmpunkte aushalten, bis es was zu essen gab. Also dachte ich an Jesus, der uns versprach, dass uns nichts passieren wird und kein Unglück uns nahen wird, denn er ist unser Versorger und unsere Zuversicht. Also habe ich in Gedanken mit Jesus gesprochen und habe gesagt. Ich weiß, mir wird nichts passieren und du wirst mich sicher in die Pause führen, ohne dass mir was passiert. Ja, und so war es auch. Die Auftritte waren hervorragend und in der Pause gab es was zu Essen. Also kaufte ich mir was zu

Essen und ging dabei nach draußen und bedankte mich bei Jesus, weil ich wusste, dass man sich auf sein Wort immer verlassen kann und er sein Versprechen hält, was er uns versprochen hat. Jesus ist so groß und tut auch heute immer noch die gleichen Wunder wie vor über 2000 Jahren. Er ist derselbe Gott und will auch heute noch für uns da sein.

Manchmal oder oft müssen wir leiden, weil wenn immer alles perfekt läuft und immer alles gut klappt, wie kann dann Gott (Jesus), sein Versprechen einlösen? Das macht ja gar kein Sinn. Aber gerade in den Phasen, wo es mal kurz nicht so läuft, können wir doch sicher sein, dass man auf sein Wort und Versprechen bauen kann, wenn man daran glaubt und es auch in Anspruch nimmt. Gott greift aber nur auch dann ein, wenn wir ihn darum Bitten uns zu helfen. Sonst klappt es nicht. Gott lässt uns immer die freie Wahl. Aber jeder Mensch braucht die Göttliche Hilfe, es wird immer wieder Zeiten geben, wo wir Menschen nicht mehr alleine uns zu helfen wissen und wir einfach nicht mehr weiterkommen. Aber die Gute Nachricht ist, dass es für uns alle Hoffnung gibt. Der Name Jesus hat soviel Power und Kraft und ist für jeden Mensch zu bekommen. Denn Jesus starb am Kreuz für die gesamte Menschheit aus Liebe zu uns für unsere Sünden und

Fehler die wir gemacht haben oder auch immer wieder machen werden. Denn kein Mensch ist perfekt. Jesus ist die pure Göttliche Liebe und sie fließt in uns, wenn wir es in Anspruch nehmen. Und Jesus lebt in uns allen. Jeder einzelne Mensch kann dies spüren, fühlen und diese Liebe auch weitergeben. Er ist nur ein Gebet von uns entfernt. Aber diesen Schritt müssen wir tun, denn Gott zwingt uns zu nichts. Es soll auch Liebe geschehen und nicht aus Zwang oder Erpressung. Sondern eine Herzensangelegenheit sein. Denn selbst wenn du der oder die einige auf der Welt wärst, würde Jesus aus Liebe zu dir am Kreuz sterben, weil Gott dich so sehr liebt.

JESUS CHRISTUS IST SO LIEB UND MÖCHTE UNS IMMER BEHILFLICH SEIN.

Er möchte Teil unseres Lebens sein, aber da er den ersten Schritt für uns getan hat und für unsere Sünden gestorben ist, sind wir jetzt logischerweise dran und müssen den nächsten Schritt machen und Jesus Christus in unser Leben lassen und einladen, denn Jesus ist ein Gentleman und will sich uns einer niemals aufdrängen. Er überlässt es uns ob wir ihn als unser

Erlöser ansehen oder ob wir sagen, nein danke, selbst schuld wenn du für mich gestorben bist, denn du hast mich ja nicht gefragt ob ich das möchte, dass du dir mein Leben erleichterst und alle meiner Last auf dich nimmst. Was aber irgendwo so undankbar wäre und gleichzeitig der falsche Weg ist. Wie kann man so einen Freund wie Jesus, der für uns aller Menschen durch die Hölle gegangen ist und alle Schmerzen und Leid auf sich genommen hat nur dass wir ein besseres Leben einmal haben werden. Obwohl er wusste, wie die Menschheit tickt und undankbar ist, liebt er uns immer noch und möchte unser, dein und mein Freund sein. Er möchte uns Freude, Liebe, Weisheit, Hoffnung, Ausdauer schenken, alles was gut ist und wir unbedingt gebrauchen können auf dieser Erde. So eine Ausstrahlung und Liebe hat Jesus Christus für uns. Er würde niemals schlecht über uns handeln oder reden. Er ist immer offen und ehrlich zu uns aber vor allem Hilfsbereit zu jeder Zeit und jede Stunde. Glaubt mir, wer Jesus in sein Leben aufgenommen hat, der hat schon gewonnen, egal was alles passiert oder noch Schreckliches kommen wird. Wenn einer alles regeln kann, dann er Jesus Christus. Er kann uns von Krankheiten befreien und heilen wo die Ärzte machtlos sind. Er kann das unmöglichste für uns möglich machen. Man braucht nur den Glauben dazu und am besten Jesus Christus als seinen Freund und Lebensbegleiter, dann wird sich alles in sehr guten Bahnen regeln. Er holt sogar Drogenabhängige zurück zum Leben und er kümmert sich wirklich um jeden einzelnen von uns und das finde ich so gut. Was für eine Liebe. Womit haben wir das alles verdient? Ich bereue keine einzige Sekunde, dass ich Jesus als mein Erlöser und Freund ansehe und ihn täglich in meinem Leben mit einbeziehe.

MEIN VORBILD JESUS

Danke, Jesus, mein Vorbild bist du.

Denn du hast uns gezeigt,
wie man miteinander leben soll.

Lieben statt hassen, vergeben statt Schuldigen suchen.

Heilen statt kränken und helfen statt fluchen.

Auf die armen schauen und nicht wegsehen

Hilfe leisten und nicht vorbeigehen.

Die Menschen mit Respekt behandeln und nicht auf
den Arm nehmen.

Zu sich selberstehen und sich seinetwegen nicht zu
schämen.

Denn ersten Schritt machen, egal was andere sagen.

Nicht auf andere Warten,
sondern Verantwortungen tragen.

Einfach mit allem vorangehen, egal was andere denken.

Andere einfach Überraschen und ihnen
Aufmerksamkeit schenken.

Nichts ist dir zu viel immer Hilfsbereit.

Du hast es uns Vorgelebt und das für alle Zeit.

Sich zu freuen wie ein kleines Kind.

Weil wir Menschen alle Kinder sind.

Dankbar zu sein ist sehr wichtig.

Vieles dagegen ist sowieso nichtig.

Für andere Beten und Bitten in deinen Namen.

So entwickelt sich der kleinste Samen.

Und man wird Früchte daraus erkennen können.

Das sehr viel Gutes bewirken wird.

Jeder hat Talente, der etwas daraus machen kann.

Egal was du tust, bleib fleißig und fang am besten
gleich an.

Wenn wir dir im Glauben folgen und Taten vollbringen

Dich dabei Ehren, Loben und für Dich singen.

Dann werden wir für immer bei dir sein

Und die Ewigkeit zusammenleben.

Danke Jesus, mein Vorbild bist.

Denn du hast uns gezeigt,
wie man miteinander leben soll.

Amen!

MEIN UNSICHTBARER FREUND

Mein unsichtbarer Freund Jesus ist der beste Suchtberater den es gibt.

Mein unsichtbarer Freund Jesus möchte auch dein unsichtbarer Freund sein.

Mein unsichtbarer Freund Jesus ist mein Manager!

Mein unsichtbarer Freund Jesus mag es, wenn man ihn Lieder vorsingt.

Mein unsichtbarer Freund Jesus ist mein bester Freund.

Mein unsichtbarer Freund Jesus ist der beste Arzt.

Mein unsichtbarer Freund Jesus ist der beste Konfliktlöser und weiß zu allen Problemen eine geniale Lösung.

Kurz und knapp Jesus löst alle Probleme in Handumdrehen!

Mein unsichtbarer Freund Jesus ist meine Lebensversicherung.

Mein unsichtbarer Freund Jesus kann ich alles anvertrauen.

Mein unsichtbarer Freund Jesus ist mein Vorbild.

Mein unsichtbarer Freund Jesus hat viele unsichtbare Freunde/innen

Mein unsichtbarer Freund Jesus steht mir immer zur Seite Tags wie auch nachts.

Mein unsichtbarer Freund Jesus hilft armen Menschen die in Not sind.

Mein unsichtbarer Freund Jesus hat Kinder total lieb.

Auf meinen unsichtbaren Freund Jesus kann ich mich immer verlassen.

MEIN ALLERGRÖSSTES VORBILD

Mein unsichtbarer Freund Jesus ist mein allergrößtes Vorbild, denn Jesus setzt sich für arme Menschen ein die in Not geraten sind. Jesus behandelt alle Menschen mit Respekt und Liebe und setzt alle Menschen gleich hin, ganz egal welche Hautfarbe oder Herkunft oder Religion. Jesus liebt Kinder und setzt sich für diese auch ein. Jesus kümmert sich um schwache und arme Menschen ein, aber auch für alle anderen. Starke und reiche Menschen. Jesus löst wirklich jedes Problem. Ganz egal in was für eine Schwierige Situation auch bist, man kann zu ihm kommen und sein Problem ihm erzählen. Er kümmert sich darum und vor allem kann man Jesus alles anvertrauen. Alles bleibt ihm Verborgenen und er sagt oder verrät auch niemanden die Probleme anderer. Jesus ist ein Gentleman und überlässt es uns ob wir zu ihm kommen wollen oder nicht. Jesus ist der Beste Arzt, kein menschlicher Arzt kommt an die Sachen ran wo Jesus rankommt.

Außerdem kann Jesus alles heilen. Selbst wenn Menschen keine Überlebenschancen mehr haben, kann Jesus das unmögliche Möglich und wahr machen. Jesus ist mein Manager der für mich immer da ist, Tags und nachts und mit seinen unsichtbaren Freunden mir im

Alltag zur Seite stehen. Das bedeutet, wenn ich dringend Hilfe und Kraft benötige dann rufe ich Jesus an in einem Gebet und er kommt und gibt mir seinen Heiligen Geist der mir die nötige Kraft und Power gibt, denn Tag ohne Probleme durchzustehen.

Sogar wenn ich oft nur 2 Stunden geschlafen habe und das allerbeste ist es funktioniert jedes Mal. Jesus hat viele unsichtbare Freunde/innen. Wie z.B. den heiligen Geist oder aber auch viele Engel (Schutzengel). Die uns immer auf jeden Schritt begleiten und uns niemals aus den Augen verlieren. Außerdem ist Jesus der allerbeste Suchtberater den es gibt. Ganz egal was für eine Sucht man hat. Drogenabhängig ist, Sexsüchtig ist, ob man Spielsüchtig ist, Alkoholsucht hat. ob man Nikotinsüchtig ist, also Raucher ist. Ob man eine Essstörung hat und zu viel ist oder gar ob man viel zu dünn ist und eine Magersucht hat.

Jesus kümmert sich um jede Sucht und hat noch jede Sucht ohne Probleme und ohne Medikamente gelöst und die Menschen geheilt und befreit. Jesus mag es, wenn man Bittet und Danket für das Leben, dass wir geschenkt bekommen haben und dankbar sind. Und auch wenn man ihm Lieder vorsingt und Worship Musik hört, also Lobpreis und Anbetung für ihn macht.

Immerhin ist Jesus für uns am Kreuz gestorben und hat unsere Sünden befreit. Wir müssen ihn nur als unser Retter und Erlöser annehmen und um Vergebung unsere Sünden bitten.

Mein unsichtbarer Freund Jesus ist mein allerbester Freund. Das schöne und gute ist, dass Jesus auch dein bester und unsichtbarer Freund sein möchte. Du musst ihn nur dazu Einladen und Bitten zu dir zu kommen und um Vergebung deiner Sünden Bitten. Und auch in seinem Namen also in Jesu Namen bitten ihm seinen Heiligen Geist dir zu schicken und das kannst du überall tun wo gerade du auch bist. Ganz wichtig ist auch Vergebung deiner Menschen zu bitten die dich vielleicht verletzt haben, denn dann wird auch dir vergeben werden. Das Allerbeste ist auch dass, es nichts kostet und du Jesus umsonst haben kannst. Jesus anzunehmen ist das allergrößte Geschenk, dass wir haben können und zwar wirklich jeder. Das vergessen wir nur immer wieder, leider. Ich hoffe ich konnte dir Euch ein bisschen Hilfe geben.

Lieber Vater, Jesus, ich bitte dich vom ganzen Herzen, allen Menschen, die den Podcast hören zu segnen und dir deinen Heiligen Geist zu senden, die die Menschen mit Liebe und Wärme aber auch Freude volltanken und ihren Akku aufladen. Das diese Menschen gesund

bleiben bzw. werden und dass sie alle ein erfülltes
Leben bekommen werden.

In Jesu Namen, *Amen*.

AN JESUS CHRISTUS,

Ich habe mir für Dich Jesus extra Zeit genommen, um
mich bei dir zu bedanken! Du hast schon soviel für
mich getan und befreit. Du lieber Jesus hast immer an
mich geglaubt und mich immer wieder aufgebaut, wenn
ich oft am Boden lag oder down war. Du lieber Jesus
hast mir immer zugehört und mich immer ernst
genommen. Bei dir lieber Jesus konnte ich, ich sein und
musste mich nie verstellen, denn du hast mich so
genommen wie ich war bzw. bin. Du lieber Jesus gibst
meinen Leben einen Sinn. Du bist mein großes Vorbild
lieber Jesus, denn du nimmst uns allen in den Arm.

Jeder der bei dir anklopft darf ohne auch nur kurz zu
zögern zu dir kommen und du strahlst allen Menschen
an und gibst uns Wärme und Geborgenheit. Jesus, Dich
kann man nicht in Worte fassen, denn es gibt nicht so
viele Blätter um über Dich zu schreiben. Ich weiß auch,

dass ein Danke viel zu wenig ist, denn du hast für uns Alles gegeben und selbst wenn es nur einen Menschen auf der ganzen Welt geben würde, dann würdest du es auch wieder aus Liebe für uns tun.

Du behandelst alle Menschen gleich, mit Respekt und Liebe. Das ist mein großes Vorbild. Jesus, du bist mein Erlöser und Retter. Du bist mein Bruder, der mich immer wieder aus den blöden Situationen herausholt und alles wieder gerade biegst was ich verbockt habe. Jesus, du bist mein Bester Freund, der mich immer wieder zum Lachen bringt.

Jesus, du bist mein Engel, der auf mich aufpasst, dass ich gerade durchs Leben gehe und nicht in Versuchung gerade um mir das Leben zu nehmen. Jesus, du bist mein engster Berater, der mir gute Tipps und Lösungsvorschläge gibt, die ich zum Leben brauche. Jesus, du bist mein Arzt, der mich durch Gebete wieder Gesund macht. Lieber Jesus, ich kann dir kann nicht genug Danke sagen, denn keiner kennt mich besser als du, lieber Jesus. Du kennst meine Stärken und Schwächen. Bei dir darf ich mich komplett gehen lassen und mich so richtig ausheulen, wenn mir danach ist.

Danke auch dafür, dass du uns verschonst, denn wenn ich diese Bilder im Fernsehen sehe, dann tut mir meine Seele weh und du lieber Jesus bist trotzdem da und gibst Hoffnung und Liebe.

Ich danke dir auch lieber Jesus, dass du gut für meine Familie und Freunde sorgst und niemanden vergisst und immer die Türe für andere offen lässt. Jesus, du bist großartig und wunderbar. Dein Name hat so viel Power und Kraft. Dir allein lieber Jesus gebührt alle Ehre. Nur du bist würdig. Nur du allein. Du lieber Jesus bedeutest alles für mich, denn du bist mein ganzes Leben. Alleine komme ich nicht sehr weit, aber mit dir an der Seite lieber Jesus, kann ich wirklich alles schaffen. Denn du machst das unmögliche möglich.

Danke dir lieber Jesus für alles bis jetzt, was ich durch dich erreichen konnte und durfte. Vielen lieben Dank lieber Herr Jesus Christus. Es ist schön, dass es Dich gibt!

LIEBER JESUS, ICH HABE NACHGEDACHT UND ES HAT MIR EINIGE ERKENNTNISSE GEBRACHT.

Was wäre, wenn es diese Zeit nicht gäbe. Dann stünde ich immer noch in leere.

Ich würde immer nur funktionieren und mit der Masse mitmarschieren. Keine Zeit

Zu kapitulieren. Denn es wird immer mehr verlangt von mir, sei es im Beruf oder Karriere

Familie oder sogar auch Hobbys wie Freizeitgestaltung. Doch was ist mit dir? Bleibt da Zeit

Für Dich lieber Jesus? Zeit an Dich ein Zeichen zu senden, dir einen kurzen Moment zu schenken?

An Dich an zu Beten? Wohl eher nicht. Das gab mir zu denken. Doch, weil du Jesus mich liebst und

Mir immer wieder ein Zeichen dafür gibst, und mir meinen Grenzen aufzeigst und mir meine Pläne

durchkreuzt wofür ich dir sehr dankbar bin, denn du gibst meinem Leben immer diesen einen Sinn.

Was wirklich wichtig ist und was wirklich im Leben zählt, das Familie und Freundschaft alles

Zusammenhält. Auch wenn die ganze Welt zusammenfällt. Die Liebe zu dir Jesus, zu der Familie

und Freunde niemals zusammenbricht. Denn die Liebe siegt immer und es ist das was unser Leben

Erhellt.

Lieber Jesus ich habe nachgedacht und es hat mir einige Erkenntnisse gebracht.

Durch diese Zeit, habe ich endlich zu dir gefunden, tägliche Stunden habe ich genutzt

In der Bibel gelesen und christliche Lieder gesungen. Getanzt und gesprungen. Geweint und gelacht

Und immer wieder an dich Jesus gedacht. Du hast einen kompletten neuen Menschen aus mir

Gemacht. Das alles konnte ich nur, weil du in meinem Leben gekommen bist, weil du mich schon

Immer geliebt und mich nie aus den Augen verloren hast. Du bist wunderbar und wundervoll.

Jeder Mensch und jede Seele sollten deine Liebe annehmen und zwar jetzt hier und heute.

Jede Zeit hat etwas Gutes und Wunderbares, wenn man den Sinn seines Lebens erkennen kann.

Dauert es auch ein Leben lang. Die einen früher, die anderen später. Doch keine Zeit ist vergebens

Und auch nicht verschwenderisch. Es kommt immer darauf an wie man es sieht und betrachtet.

Denn deine Liebe Jesus, kann man immer bekommen und zu jeder Zeit kriegen. Man muss dich

Lieber Jesus nur annehmen und in sein Herz schließen.

Jedenfalls bin ich so Dankbar dafür, und es ist die Beste Zeit meines Lebens denn ich habe nach so

Vielen Jahren endlich zu dir gefunden lieber Jesus.

Lieber Jesus, ich habe nachgedacht und es hat mir einige Erkenntnisse gebracht.

Du lieber Jesus Christus, bist das größte und Beste was wir Menschen haben.

Es ist schön, dass es Dich gibt. Denn deine Liebe heilt alle Wunden zu jeder Sekunde und Stunden.

Danke Jesus Christus.

Amen.

Kapitel 4

DER GLAUBE

Ich persönlich kann es nur jedem empfehlen sich mit dem Glauben und der Liebe die Jesus Christus für uns empfindet auseinanderzusetzen und sich darauf einlassen. Man kann nur dadurch gewinnen. Mit diesem Glauben, könnte jeder auch vom Tellerwäscher zum Millionär werden, doch Geld ist nicht alles im Leben und die Reichen werden es sehr schwer haben in den Himmel zu kommen, so steht es auch in der Bibel. Den die reichen geben kaum ab und wollen immer mehr haben und sind mit nichts zu frieden. Deshalb ist weniger viel mehr.

Jedenfalls Liebe auszustrahlen und zu geben dafür steht Jesus Christus. Zu teilen und zu helfen wo Hilfe benötigt wird. Er ist der gerechteste und beste Herrscher, der es jemals auf der Welt gab und geben wird. Jesus Christus muss in uns weiterleben, dann würde es weder Krieg noch Leid auf dieser armen Welt geben. Alle Menschen wären glücklich und zufrieden und würden mit dem Herzen lieben und alles wäre sehr gut. Aber leider ist das Gegenteil aufgetreten und jeder denkt nur noch an sich und Hass und Neid verbreiten sich stündlich. Ja, sogar der Glaube wird in Vergessenheit geraten, weil alles nur noch schneller besser und mehr sein muss. Das man überhaupt keine Zeit mehr für wichtigere Dinge im Leben hat, wie Familie, Freunden oder was einem selbst Freude bereitet.

Jetzt, da zum Glück Covid ausgebrochen ist, wenn man endlich mal verschnaufen kann und sich wirkliche Gedanken über sein Leben machen kann. Möchte jeder wieder die alte und stressige Zeit zurück haben und die wenigsten Menschen haben kapiert worum es eigentlich geht und worauf es im Leben ankommt. Haben also nichts dazugelernt. Schade, sehr schade, denn jede Zeit hat auch etwas sehr Gutes. Die Natur erholt sich rasend schnell.

Man hat nicht mehr so viel Stress im Alltag und mehr Zeit für seine allerliebsten Menschen seiner Familie und vor allem Kindern, die sonst viel zu kurz kommen, weil jeder nur an seine Arbeit denkt und dann kaum Zeit für sich und seiner Familie hat. Die Kinder leiden bei der alten Zeit am meisten. Es wird sehr viel von den Kindern verlangt und diese gehen sehr früh kaputt. Dabei sind unsere Kinder so kostbar und wundervolles.

Kinder sind so lieb und bringen uns immer zum Lachen und haben geniale Ideen. Wir müssen uns viel mehr Zeit um unsere Kinder nehmen, denn es gibt nichts Schlimmeres als ein kaputtes und gebrochenes Kinderherz, denn Kinder sind unsere Zukunft und bei kaputten Kindern kann man auch später wenn sie größer sind nichts erwarten. Vorher auch, wenn keine Liebe da ist. Dank Covid haben wir jetzt endlich wieder viel Zeit für unsere Kindern, solche Sachen sollten wir für unsere Zukunft mitnehmen. Denn liebe ist das Allerwichtigste im Leben. Denn wer liebt, der tut immer das Richtige im Leben!

ICH MÖCHTE BETEN:

Lieber Vater im Himmel, danke dass uns immer zu Essen und Trinken gibst.

Danke, dass du uns immer vor Unwetter beschützt, und immer an unsere Seite bist.

Danke, dass du uns gemacht und erschaffen hast und wir mit unseren Fähigkeiten und Gaben die du in uns gegeben hast, helfen und Gutes tun können.

Danke, dass du uns so sehr liebst und Dich um unser Leben kümmerst, wenn wir Dich darum bitten.

Danke, dass du deinen Sohn Jesus aus Liebe zu uns Menschen geopfert hast, der unser Verhaltensweise am Kreuz gelitten hat und alle Sünden die wir ihm angetan haben aus Liebe zu uns auf sich nahm.

Danke, dass du uns durch Jesus vergeben hast und wir eine lebendige Beziehung auch heute noch mit dir führen dürfen.

Danke, dass du uns erziehst und auch einen anderen Weg mit uns gehst, denn wir erst nicht gehen wollten. Denn du willst nur das Allerbeste für uns.

Danke, dass du uns immer wieder neue Türen und Möglichkeiten aufschließt, die soviel besser und genialer sind, als unsre Wege ohne Dich.

Danke, dass du uns zum guten und Positiven Leben verändern willst und wirst, wenn wir es selbst zulassen.

Danke, dass du eine Beziehung mit uns Menschen immer wieder aufs Neue suchst, und du Dich immer wieder in unser Leben einmischt.

Danke, einfach für alles, was du in unser Leben bereits getan hast und noch machen wirst.

Du bist ein wunderbarer Vater und Gott. Ein wunderbarer König und Bruder.

Du bist würdig, herrlich und heilig zugleich. Du regierst und herrscht aus Liebe und Gerechtigkeit.

Du bist barmherzig und gerecht. Du handelst aus Liebe zu uns. Denn du bist die Wahrheit, der Weg und das Leben. Danke Jesus für dein Leiden und die Liebe zu uns Menschen.

In Jesu Namen.

Amen!

G E B E T E :

Gebet für Heilung:

Lieber Vater im Himmel. Ich bitte Dich vom ganzen Herzen, alle Menschen zu heilen, die irgendeine Krankheit haben. Das du Sie jetzt mit deiner Liebe berührst und du deinen Frieden ihnen gibst. Dass du sie von ihren Lasten und Ketten, die sie gefangen nehmen befreist. Ich danke dir dafür. Alle Dämonen und Satan verschwinden jetzt wo ihr seid, denn ihr habt überhaupt keine Macht, denn Jesus hat Euch besiegt. Lasst die Menschen in Ruhe und verschwindet von ihnen, im Namen Jesus Christus.

Amen!

Gebet für alle Ungläubigen:

Lieber Vater im Himmel. Ich bitte Dich vom ganzen Herzen, allen Ungläubigen die Augen und Ohren zu öffnen. Denn sie wissen nicht was sie da tun. Vergib ihnen, denn sie werden getäuscht und versucht. Ich bitte Dich, ihnen zu zeigen das du der Vater und Gott bist, der alle Menschen liebt und das du nur Liebe und Frieden für ihnen im Sinn hast. Vergib ihnen auch, weil sie deinen Sohn Jesus Christus nicht die Ehre geben die ihm gebührt, weil sie falsche Lehren glauben und weil sie Angst davor haben, Jesus als ihren Retter und Erlöser anzunehmen, weil sie Angst vor Trennung in der Familie und Freunde haben. Alle Menschen die Gewalt lieben und unschuldige Menschen töten, kannst du nicht ausstehen. Denn du Vater im Himmel liebst Gerechtigkeit, Harmonie und Liebe. Du bist für Frieden. Denn irgendwo sind wir alles Kinder Gottes, denn du hast die ganze Menschheit erschaffen. Du hast uns nicht gemacht, dass wir uns gegenseitig das Leben nehmen oder Gewalt gegen uns richten. Sondern, dass wir uns vermehren und dein Reich auf Erden aufbauen sollen. Ich bitte Dich von ganzem Herzen, alle Herzen der Ungläubigen zu berühren und ihnen deine Liebe und Frieden zu geben, den nur du uns geben kannst. Ich danke dir von ganzem Herzen dafür. Schenke du Ihnen, die Kraft und den Mut Dich erkennen zu wollen und ihnen Erleuchtung und Erkenntnis zu geben, dass sie noch rechtzeitig aufwachen und in Liebe und Gerechtigkeit wandeln. Dass sie Jesus als ihr Vorbild nehmen, der alle Menschen gleich behandelt mit seiner Liebe und Freude. Ich danke dir dafür. Zeig du Dich ihnen in ihren Träumen, lieber Jesus, dass du mehr als nur ein Prophet bist. Im Namen Jesus Christus,

Amen!

Gebet für Gotteserfahrung!

Lieber Vater im Himmel, ich bitte Dich vom ganzen Herzen, mir ein Zeichen zu geben, dass es Dich wirklich gibt. Ich habe schon sehr viel von dir gehört, aber Dich noch nie wirklich selbst erlebt oder gespürt. Wenn es Dich Gott wirklich gibt, dann lass es mich zu erkennen wissen. Ich bin nur ein Mensch und brauche länger bis ich etwas verstehe oder verstanden habe. Misch Dich bitte immer wieder in mein Leben ein und zeige mir, dass du eine Beziehung zu mir haben willst. Ich bin offen für alles. Berühre mein Herz und Gedanken. Schenke mir inneren Frieden und nimm alles Schlechte von mir. Ich möchte so gern eine Beziehung zu dir haben, weiß aber nicht wie das gehen soll. Nimm du mich Bitte bei dir an die Hand. Leite und führe mich zu der Wahrheit. Ich danke dir dafür, mein Vater im Himmel. Im Namen Jesus Christus.

Amen!

Gebet für Frieden!

Lieber Vater im Himmel, ich bitte Dich vom ganzen Herzen uns Frieden auf Erden zu geben. Das Gewalt und Hass in unser Leben keine Rolle mehr spielt und wir in deiner Liebe wandeln. Lass alle Menschen aufwachen, die gefangen sind und befreie sie von ihren Ängsten. Zeige uns deinen Weg, den du für jeden von uns hast und weihe uns in deine Pläne mit ein. Hilf uns, gegen die bösen und finstere Mächten die bei uns täglich sind, anzukämpfen. Das wir unsere Schlechten und Negativen Gedanken auslöschen und mit deinen Guten und Positiven Gedanken, die du für uns hast, ersetzen können. Denn du bist der Gott und Vater des Friedens und der Liebe. Jesus, du bist der Friedefürst und ich danke dir dafür. Im Namen Jesus Christus. Amen!

Gebet für meine Heilung!

Lieber Vater im Himmel, ich bitte Dich vom ganzen Herzen mich zu heilen, denn ich bin krank und brauche deine Hilfe. Nur du kannst mich retten und wieder gesund machen. Ich glaube an deine Heilungskraft und weiß, wenn es dein Wille ist, dass du mich wieder komplett herstellen wirst, so dass ich wieder Kerngesund bin. Ich danke dir vom ganzen Herzen, dass du mich Seelisch und körperlich so wie auch geistig mit deiner ganzen Liebe und Frieden erfüllen wirst. Ich bitte Dich auch mir alle Kraft und Power zu geben, um Arbeiten gehen zu können und du mir die Übelkeit oder auch Kopfschmerzen wegnimmst. Denn ich gebe dir Jesus alles was mich belastet, körperlich, wie auch seelisch oder geistig ab ans Kreuz. Ich bitte um Vergebung meiner Sünde, denn ich bekenne, dass ich eine Sünderin/ein Sünder bin. Ich danke dir dafür vom ganzen Herzen. Im Namen Jesus Christus.

Amen!

Gebet für verfolgten Christen!

Lieber Vater im Himmel, ich bitte Dich vom ganzen Herzen, alle Menschen zu beschützen, die an Dich glauben und verfolgt werden. Gib du ihnen deinen Schutz und deine Liebe bzw. auch deinen Frieden und lasse diese Menschen nicht alleine. Sende ihnen deine Engel, die diese Menschen unterstützen und helfen aus jeder Notlage gut herauszukommen. Denn sie brauchen jede Hilfe die sie bekommen können, um an den Glauben an Dich weiterhin festhalten zu können. Ich danke dir dafür! Im Namen Jesus Christus.

Amen!

Gebet für Familie und Freunde!

Lieber Vater im Himmel. Ich bitte Dich vom ganzen Herzen, für meine Familie und Freunde, dass du sie beschützt und bei ihnen bist. Das du sie durch Kummer und Leid durchträgst und sie alle von ihren Lasten, Ängsten und Negativen Gedanken befreist. Das du dich ihnen zu erkennen gibst und ihnen deine Engel zur Verfügung stellst, die sie ja alle im Alltag begleiten. Schenke ihnen alle deinen Frieden und deine Liebe. Ich danke dir dafür. Im Namen Jesus Christus. Amen!

Pure Freude! Was sonst

Das Leben ist viel zu kurz, um die ganze Zeit traurig bzw. ängstlich durch die Lande oder Gegend zu ziehen. Mach mal etwas Schönes Lachen ist die beste Medizin.

Lachfalten ist viel schöner, als sich irgendetwas ins Gesicht zu spritzen oder sonst wo. Genieße das Leben, jeden Tag und probiere etwas völlig Neues aus. Denn jetzt ist deine Zeit dran. Du bist es absolut wert und bist geliebt von Anfang an.

Ich kenne ein sehr gutes Buch, nennt sich die Bibel und da steht vieles über Dich und mich drin.

Wenn du auch nicht alles verstehst, ist es ganz normal. Aber es gibt einen genialen Lehrer und Meister, denn du über alles Fragen kannst.

Er heißt Jesus Christus! Er beantwortet alle deine Fragen, du musst nur Beten, innehalten und in dein Herz hineinhören.

Das Allerbeste ist, es lohnt sich und du kannst ein komplett Neues und Gutes Leben anfangen! Probiere es am besten gleich mal aus!

Worshipen bestimmt unser Leben im positiven Sinne.

Wer täglich mindestens eine Stunde Worshipt, dem öffnen sich alle Türen. Worshipen bedeutet Kommunikation oder im Gespräch mit Gott! Egal ob Beten, oder Christliche Musik bzw. Predigen hören bzw. Singen. Oder in der Bibel lesen.

Ja, selbst Gedanken aufschreiben und sich mit Gott/Jesus auseinandersetzen, zählt alles zu Worshipen.

Ich kann es nur jedem empfehlen und raten, dass zu tun. Es tut nicht nur sehr gut, sondern, es geht immer weiter, egal was passiert. Gerade in der heutigen Zeit ist es so wichtig,

Kontakt zu Gott aufzunehmen und ihm um Hilfe bitten und seine Liebe anzunehmen.

Die Beste Entscheidung, die du in deinem Leben treffen kannst, Jesus zu suchen und ihn in deinem Leben Zulassen.

Du willst mehr davon wissen? Dann schreibe mir und ich helfe dir dabei.

Schritt für Schritt und das ganze kostenlos und ohne Geld! Denn es ist mir eine Herzensangelegenheit, dir Freude in deinem

Leben zu geben. Denn du bist ein Geschenk des Himmels und Gott liebt Dich über alles, so wie er dich gemacht hat. Mit all deinen Schwächen und Stärken.

Denn niemand ist perfekt. Aber das müssen wir auch nicht sein. Alles andere ist eine große Lüge! In diesem Sinne. Vielen lieben Dank und ich freue mich auf Euch! Seid gesegnet.

Ich habe keine Angst vor Ufos oder Aliens! Momentan geht ja im Netz einiges ab. Aber diese Aliens, die wir, wenn überhaupt mal zu Gesicht bekommen werden. Sind in Wirklichkeit Dämonen, oder Geister die sich in Monster oder ähnliches verwandeln können. Es gibt nur einen Namen, der viel größer und stärker ist, als alles andere auf der Welt und der heißt: Jesus Christus. Der König aller Könige. Retter und Erlöser. Deshalb spricht einfach den heiligen Namen Jesus Christus aus und die Aliens rennen weg oder verschwinden im Nu! Willkommen in der Endzeit. Egal ob man daran glauben will oder nicht. Aber es kommt noch einiges auf uns zu. Corona ist ein Witz dagegen. Aber Jesus, befreit und heilt. Egal was passiert, ich freue mich, denn Jesus ist mein ganzer Halt. Und ich bin dankbar dafür. Ich werde aber für die Menschheit beten, dass Sie auch noch aus dem Tiefschlaf erwacht. Mir geht es sehr gut. Nie habe ich klarer gesehen oder gehört. Worship bringt mich auf Gute Gedanken. Betet und Bittet um Erleuchtung. Die Bibel ist mehr als ein altes langweiliges Buch. Es spricht zu jedem, wenn man sein Herz dafür öffnet. Es gibt Bibel TV, Bibel App. Es gibt so viele Möglichkeiten, Gottes wahres Wort zu hören. Aber durch zu viel Netflixen, kommt man nicht zur Erfüllung und Erleuchtung! In diesem Sinne. Liebe deinen Nächsten wie Dich selbst. Oder habt Liebe füreinander, so wie es uns Jesus vorgelebt hat, denn er ist die Wahrheit und der Weg und das ewige Leben. Denn die Liebe ist der Weg, der zum Vater führt. Amen

Danke lieber Jesus, dass ich wirklich immer auf Dich zählen und bauen kann! Heute hast du mich wieder 9 Stunden auf der Arbeit getragen. Mir war nicht so gut eigentlich hat es gestern schon leicht angefangen und heute war ich den ganzen Tag alleine gewesen. Aber ein Gebet zu dir reicht aus, dass du mich erhörst und begleitest. Ich kann dir all mein Leid zu dir ans Kreuz geben und du nimmst es einfach entgegen. Jedes Mal, wenn mir nicht so gut geht, bist du da und nimmst all meine Sorgen und Kummer und ich kann trotzdem Lachen Du bist genial und für mich die Wahrheit. Ich danke dir so sehr. Was ich nicht verstehen kann, warum viele Menschen Dich ablehnen und deine Liebe nicht annehmen. Dabei reicht ein kurzes Gebet aus, aber sie verschließen sich. Das wäre so als wenn man mit 18 Jahren eine Sofortrente von 50.000 Euro monatlich geschenkt bekommen würde. Einfach so jeden Monat 50.000 Euro sein Leben lang bis man nicht mehr lebt und dieses Geschenk aber nicht annimmt, weil man lieber 50 Jahre 5 Tage die Woche 40 Stunden oder mehr arbeitet und sich kaputt schafft und keine freie Zeit mehr hat für andere Dinge im Leben, die Spaß machen und Lebensfreude bringen. Was dadurch alles flöten geht. Dich lieber Jesus anzunehmen bedeutet Freiheit, Ewiges Leben und viel mehr! Naja, was soll man dazu sagen! Ich wünsche mir vom ganzen Herzen, das die Menschheit aufwacht und deine Liebe annimmt, denn du liebst alle Menschen gleich. Denn du bist der Weg und die Wahrheit und die Wahrheit macht frei. Außerdem bist du der Weg, weil du als Vorbild uns die Liebe gebracht hast und die Liebe also der Weg führt zum Vater also zu Gott im Himmel. Und du bist das Leben, weil man mit dir immer etwas erleben wird. Ich kann von meiner Seite nur sagen, dass es sich lohnt Jesus anzunehmen, denn man hat einen Freund für immer sein Leben lang und nicht irgendein Freund, sondern der Freund, der immer die Wahrheit sagt und immer hilft, egal zu welcher Stunde. In diesem Sinne, vielen Dank für alles. In Jesu Namen. Amen!

Denke immer daran! Du bist niemals allein! Es gibt immer jemanden der zu dir hält. In guten wie in schlechten Zeiten! Jesus ist immer bei dir! Jesus liebt Dich so wie du bist. Du bist gewollt, weil Gott Dich wollte. Genau jetzt in dieser Zeit an dem Ort wo du Dich gerade befindest. Er hat dir Talente gegeben die du für andere Menschen einsetzen kannst. Du bist wertvoll und ein Geschenk. Höre nicht auf die Menschen, sondern auf dein Herz, denn das wird von Gott gelenkt. Gott will nur das Beste für Dich und er liebt Dich über alles. Mit Jesus Hilfe kannst du jede Sucht besiegen. Egal welche Sucht du hast. Es ist niemals zu spät Gottes Liebe zu erkennen und zu empfangen In Jesu Namen! Amen!

Was gibt es Schöneres als die Liebe Jesus in den Händen zu halten?

Für mich ist das Neue Testament Lebensnotwendig und wichtig! Es gibt kein besseres Vorbild als Jesus Christus! Das Allerbeste ist, das die ganzen Wunder auch heute noch möglich sind. Wenn man sich darauf einlässt und daran glaubt! Das allerbeste und größte Geschenk sind wir selbst in Jesus Christus! Amen!

Wahre Schönheit kommt von innen und nicht von außen! Uns wird täglich von dem Gegenteil berichtet. Durch Werbung, Medien, Fernsehen usw. wird uns Angst und Leistungsdruck vorgelebt. So Sätze wie du bist nur was, wenn du etwas geleistet hast. Oder du musst Äußerlich Schön sein. Du darfst kein Gewicht haben. Oder aber auch du musst immer der Erste sein, sonst nimmt Dich keiner Wahr. Sonst bist du nichts. Was ein Bullshit. Das alles sind Lügen, die die allermeisten Menschen leider Glauben. Doch die gute Nachricht ist, dass es immer noch Hoffnung gibt. Die Bibel sagt, genau das Gegenteil. Bei Gott bist du Schön genug und du musst gar nichts leisten um geliebt zu werden. Du kannst so sein, wie du bist. Du musst Dich nicht kaputt machen, oder für Schönheit leiden und Abnehmen, das am Ende zu Magersucht führt. Die Wahrheit ist, weil wir alle diese Lügen glauben, gehen wir Zugrunde und gehen kaputt. Doch Jesus will heilen und uns retten. Die Bibel ist der Schlüssel dazu. Es ist ein Geschenk des Himmels. So funktioniert das echte und wahre Leben.

Hier einmal etwas zum Nachdenken: Ich Simon schaue schon lange keine Nachrichten mehr an. Warum? Weil es Mainstream geworden ist. Nehmen wir mal das ganze Wort Nachrichten unter die Lupe. Was fällt uns dabei gleich auf?

Nachrichten besteht aus zwei Wörter. Nach und richten. Das bedeutet erst schauen wir uns die Nachrichten an und danach bewirkt es in uns etwas es löst in uns Angst, Schrecken, Trauer, Wut, Hass usw. aus. Also es richtet in uns großen Schaden an.

Ja, man muss es erst einmal Sacken und wirken lassen. Aber da unsere Nachrichten immer negativ sind und schlechtes berichtet wird und wir in einer Zeit leben, wo es immer schlimmer und dramatischer wird. Erdbeben, Kriege, Finanzkriese, Klimakatastrophen, Pandemie und vieles mehr sind die Folgen und es wird sogar noch schlimmer werden.

Man könnte meinen alles ist schlecht und furchtbar und Grauenhaft und es lohnt sich kaum mehr zu leben. Doch das was die Nachrichten oder Medien versuchen uns täglich aufs

Brot zu schmieren ist natürlich völliger Käse und Quatsch. Denn die Wahrheit ist, in Wirklichkeit ist alles in Ordnung.

Wir leben alle in dieser Zeit, nicht weil unsere Eltern uns auf die Welt gebracht haben, sondern weil Gott es wollte und uns alle erschaffen hat. Jede oder jeder einzelne von uns wird von Gott geliebt und gewollt genau zu dieser Zeit in dem Ort wo wir sind. Es gibt keine Zufälle, denn Zufälle wurden von Menschen erfunden aber nicht von Gott unserem Vater und Schöpfer.

Wir alle sind Gotteskinder ob wir daran glauben oder nicht. Deswegen sollten wir nicht den Nachrichten glauben und recht schenken, sondern allein was unser Vater im Himmel über uns sagt und denkt, denn er ist unsere einzige Hoffnung und Liebe.

Jesus hat es uns vorgelebt. Respekt, Liebe, Gleichberechtigung, jeder ist willkommen. Egal, ob Schwul, Lesbisch, gläubig nicht gläubig anders gläubig oder Transgender. Solange wir alle in Liebe bleiben und auch danach Handeln. So wie Jesus Christus es uns vorgelebt hat. Mit all sein Wirken und tun.

Wenn wir ihn als unser Vorbild sehen und in unserem Herzen annehmen. Wenn wir uns für Gerechtigkeit einsetzen und uns bewusst für die Liebe entscheiden. Dann wird es für uns immer positiv weitergehen und wir können trotzdem ein erfülltes und freudiges Leben führen, auch wenn die Welt gerade vor uns zerfällt.

Denn wir alle können diesen einen Unterschied machen, die

Frage ist bist du bereit dazu?

Um auf Augenhöhe mit den Menschen sein zu können, muss man sich vorher über die Herkunft erkundigen und informieren, sodass man nichts falsch macht und keine Fehler dadurch entstehen.

Man sollte es diesen Menschen so leicht wie möglich machen, dass sie sich wie zu Hause fühlen.

Man kann so viel voneinander lernen. Es ist sehr wichtig über die Kultur und Herkunft anderer Länder Bescheid zu wissen, denn es könnte sonst zu leichte Missverständnisse kommen, was kein guter Start für die Gastfreundlichkeit wäre.

Andere Länder, andere Sitten und Gebräuche sagt man ja schließlich nicht umsonst! Eine spannende Zeit erwartet uns alle und doch können wir gemeinsam alles erreichen und schaffen! Ich liebe Herausforderungen, denn jeder Mensch wächst mit seinen Aufgaben und das ist auch gut so!

Also lasst uns zusammenwachsen und etwas Gutes tun. Mit sehr viel Liebe und Mitgefühl. Respektvoller Umgang gegenseitig. Mit Harmonie und Begeisterung. Mit Interesse und Motivation!

Der richtige Zeitpunkt ist jetzt!

Für immer und ewiger Frieden! Weil jeder Mensch es WERT ist in absoluter Freiheit und Demokratie zu leben, lieben und handeln.

Ein Hoch auf die FREIHEIT und auf den WELTFRIEDEN!

Es wird höchste Zeit aufzustehen und Gutes zu Tun. Es gibt viel zu machen. Jetzt können wir beweisen, dass in uns Menschen mehr steckt als nur leere Worte. Wer sich um seine Mitmenschen mit Liebe und Hingabe kümmert, hat das Lebensprinzip verstanden und braucht um die Zukunft keine Angst zu haben.

Aus Matthäus 25: (Kleiner Auszug 31-40)

Das Gericht über die Heidenvölker

Wenn aber der Sohn des Menschen in seiner Herrlichkeit kommen wird und alle heiligen Engel mit ihm, dann wird er auf dem Thron seiner Herrlichkeit sitzen, und vor ihm werden alle Heidenvölker versammelt werden.

Und er wird sie voneinander scheiden, wie ein Hirte die Schafe von den Böcken scheidet, und er wird die Schafe zu seiner Rechten stellen, die Böcke aber zu seiner Linken. Dann wird der König denen zu seiner Rechten sagen: Kommt her, ihr Gesegneten meines Vaters, und erbt das Reich, das euch bereitet ist seit Grundlegung der Welt!

Denn ich bin hungrig gewesen, und ihr habt mich gespeist, ich bin durstig gewesen, und ihr habt mir zu trinken gegeben;

ich bin ein Fremdling gewesen, und ihr habt mich beherbergt; ich bin ohne Kleidung gewesen, und ihr habt mich bekleidet; ich bin krank gewesen, und ihr habt mich besucht; ich bin gefangen gewesen, und ihr seid zu mir gekommen.

Dann werden ihm die Gerechten antworten und sagen: Herr, wann haben wir dich hungrig gesehen und haben dich gespeist, oder durstig, und haben dir zu trinken gegeben? Wann haben wir dich als Fremdling gesehen und haben dich beherbergt, oder ohne Kleidung, und haben dich bekleidet?

Wann haben wir dich krank gesehen oder im Gefängnis, und sind zu dir gekommen? Und der König wird ihnen antworten und sagen: Wahrlich, ich sage euch: Was ihr einem dieser meiner geringsten Brüder getan habt, das habt ihr mir getan!

Jesus hat sich für die gesamte Menschheit geopfert und alle unsere Sünden am Kreuz getragen. Das bedeutet, dass Jesus in jedem Menschen steckt auch wenn wir es vielleicht nicht verstehen können. Deshalb immer mit Liebe und Respekt seine Mitmenschen behandeln.

Es gibt sehr viele Möglichkeiten sich sinnvoll einzubringen. Benefizveranstaltungen mitwirken, und organisieren. Lesungen oder Kunstausstellung veranstalten. Geldsammeln für guten Zweck. Sich in sozialen Vereinen engagieren. Fördermitglied werden und tolle Organisationen unterstützen.

Patenschaft für ein Kind übernehmen. Sich für obdachlose Menschen einsetzen. Streetworker und sich für Jugendliche

Menschen auf der Straße einsetzen. Therapiegruppen oder Selbsthilfegruppen gründen und diese Menschen helfen.

In Altersheime gehen und Volkslieder mit diesen Menschen zusammen singen oder Kuchen spendiert und einfach sich Zeit für diese Menschen nimmt. Menschen in Not aufnimmt und ihnen Starthilfe für ein neues Leben gibt. Es gibt 1000de Beispiele was man tun kann. Wichtig ist nur, dass man etwas macht und einen positiven Beitrag für unsere Gesellschaft tut.

Ich bin so dankbar, dass es tolle Organisationen wie die Sea-Watch oder andere Seenotrettung Organisationen gibt. Die sich alle für Menschen in Not einsetzen und nach Ausschau halten. Es gibt viele Gründe warum man darüber nachdenkt, sein Land zu verlassen.

Wirtschaftliche Gründe, oder Kriege, aber auch wegen Misshandlungen und Gewalt der Frauen. Genauso auch aus Umwelt bzw. Gesundheitsproblemen.

Eines ist aber auch ganz klar, niemand verlässt sein Land einfach so und riskiert oder gefährdet dabei sein ganzes Leben. Wenn man so verzweifelt ist, dass nur noch schwimmen hilft, dann hat man Gründe dafür.

Wenn nur ein einziger Mensch im Jahr durch die Seenotrettung überlebt hat und gerettet wurde, dann hat sich das ganze schon gelohnt. Denn ein Menschenleben ist unbezahlbar. Aber natürlich sind es viel mehr Menschen, die jedes Jahr gerettet werden.

Deshalb ist es mir persönlich Wichtig, ein Zeichen zu setzen und sich für die Seenotrettung einzusetzen. Es gibt viele Möglichkeiten dies zu tun. Die Posts zu teilen und aufzuklären. Fördermitglied zu werden und finanziell zu unterstützen. Oder sogar selbst aktiv zu werden und Spenden zu sammeln. Sich mit anderen Menschen die eine Sinnvolle Aufgabe Suchen, zusammenschließen und Leben retten.

Denn die Realität sieht leider anders aus. Es wird in den nächsten Jahren noch sehr viel auf uns zukommen. Da wird jede helfende Hand gebraucht.

Aber zusammen und mit sehr viel Liebe (Nächstenliebe), so wie Jesus Christus es uns vorgelebt hatte, wird am Ende alles Gut werden.

Was mich im Leben erfüllt? Ganz klar, die LIEBE! Aber eine andere Art von Liebe. Das zu tun was einem Spaß macht und es weitergeben. Mit seinen Mitmenschen zu Teilen und Gutes tun Nichts zu verlangen, sondern einfach machen, weil es sich Richtig anfühlt. Positive Gedanken zu teilen und sich mit liebenden Menschen vernetzen und auszutauschen. Es gibt so viele wunderbare Menschen da draußen, die sich Sozial und Ehrenamtlich einsetzen und engagieren. Das ist LIEBE und Hingabe. Jeden Tag Dankbar zu sein für gute und schlechte Tage. Denn jeder Tag ist wichtig um zu lernen. Jede Zeit ist kostbar und jede Erfahrung ist es absolut wert. Aber, das geht allen Menschen so. So ist das Leben! Ein

Geschenk und wir dürfen da sein, wo wir gerade sind und können so viel bewirken, wenn wir uns darauf einlassen. Es ist wunderbar! So schön! Ich bin dankbar und sage Ja zum Leben! Weil das Leben GEIL ist

Um eine Richtung im Leben zu haben braucht man einen Plan. Ohne Plan (Ziel) kommt man nicht weit und man verfällt schnell in das Schema der Trägheit und Bequemlichkeit.

Spontanität ist zwar auch nicht schlecht aber auf Dauer führt es zu nichts Gutes. Schon in der Bibel steht geschrieben: Gute Planung und harte Arbeit führen zu Wohlstand, wer aber überstürzt handelt, steht am Ende mit leeren Händen da. Sprüche 21,5.

Oder aber auch: Die Überlegungen des Fleißigen sind nur zum Vorteil, aber wer allzu sehr eilt, hat nur Schaden davon.

(Sprüche 21,5) Bibel.

Deshalb ist eine intelligente Planung so wichtig im Leben und einer meiner besten Freunde Adrian Muff kennt sich mit dem Planen bestens aus. Er kennt einige Formen des Planens und hat mir auch schon sehr geholfen, womit ich ihm sehr dankbar bin.

Deshalb sollte man sich sein Zoom-Webinar nicht entgehen lassen und gute Ratschläge und Tipps von ihm annehmen. Es lohnt sich. Wir, alle Menschen, machen den einen Unterschied aus! Also warte nicht ab, bis irgendwann mal vielleicht was passiert oder einer sich erbarmt, etwas zu machen. Denn das sind alles faule Ausreden, die nur dazu dienen nichts zu machen um ein gutes Gefühl dabei zu haben, so nach dem Motto. Warum soll ich überhaupt anfangen, ich alleine kann doch sowieso nichts ausrichten! Doch, du kannst den Unterschied ausmachen. Alles andere ist nur eine große Lüge, die uns daran hinter das Gute zu tun. Dabei kommt es auf Dich ganz besonders an Du darfst es gerne ausprobieren. Kleiner Tipp, wenn du es schon nicht für Dich tun kannst, dann tu es mit deinem ganzen Herzen für Jesus. Immerhin, ist er auch für Dich ans Kreuz gegangen mit all den Schmerz und Leid. Aus Liebe zu Dir Jesus liebt Dich Du bist gemacht worden, aus Liebe und anderen Menschen deine Liebe zu geben und zu helfen bzw. zu handeln.

Hier sind noch ein paar Alltags Tipps für jeden Tag zum Nachmachen. 1. Beginne den Tag mit Gott und sprich mit ihm in einem kurzen Gebet. Aktivere deinen Glauben und lade den Heiligen Geist ein, dir Kraft und alle Gaben zu Verfügung zu stellen, die es gibt. Außerdem soll er dir Weisheit und Energie geben um den ganzen Tag gut zu meistern. Höre auch paar Worships Musik (Christliche Lieder) bevor du aus dem Hause gehst. Außerdem lese nochmals Psalm 91 komplett durch. (Unter Gottes Schutz). Mache statt Zigarettenpause eine kleine Worships Pause indem du ein Lied hörst. Wenn du zuhause von der Arbeit zuhause bist, dann rede mit Jesus führe ein ganz normales

Gespräch wie mit deinen Freunden. Rede auch mit deinen Engeln und bedanke dich bei ihnen. Treibe bevor du zuhause Worships Musik hörst die Geister aus deinem Haus heraus. Sprich: Im Namen Jesus Christus befehle ich alle Geister, Dämonen und Teufel aus dem Zimmer, Haus zu verschwinden. Lese in der Bibel einige stellen. Jeden Tag 1 ganzer Spruch und auch mehr. Die ganze Bibel ist sehr gut. Aber die Psalmen und das Neue Testament ist in der heutigen Zeit sehr wichtig. Am Abend bedanke dich bei deinem Vater nochmals für den tollen und wunderschönen Tag mit einem Gebet. Lass dir etwas Eigenes einfallen. Denn das kommt von Herzen.

Das Leben ist einfacher als man denkt! Wenn du Gott liebst, dann bist du für Liebe und handelst auch nach der Liebe und wenn du Gott hasst, dann handelst du nur als gewalttätiger und gehst über Leichen, dass aber letztendlich dich für immer Schaden und dich selbst zerstören wird und du am Ende in der Hölle bei Satan landen wirst. Das Leben ist ganz einfach und wir selbst können bestimmen wo unsere Seele hingeht. Entscheidest du dich für die Liebe, brauchst du keine Angst um deine Zukunft zu haben. Es wird für dich gut ausgehen. Entscheidest du dich für den Hass und Kriege dienst du dem Teufel Satan und zerstörst dich selbst. Es liegt in deinen Händen. Ich wähle die Liebe und Folge Jesus Christus, der es uns vorgelebt hat. Liebt Euch und die anderen Menschen. Wir alle haben nur einen Vater und man kommt nur durch die Liebe zu ihm. Das ist die Wahrheit.

Wer mich (Jesus) gesehen hat, der hat den Vater gesehen. Ich (Jesus) bin der Weg und die Wahrheit und das Leben. Niemand kommt zum Vater als nur durch mich (Jesus). Der Weg ist die Liebe, denn Jesus ist die Liebe. Alles andere ist eine große Lüge.

rieden, Liebe, Harmonie, Freude, alles Gute das ist unser Vater, der nur das Beste für uns will. Jesus liebt uns alle, egal ob Moslem, Christen, Buddhisten, Indianer/innen. Egal ob, schwarz oder weiß. Für ihn sind alle gleich. Das ist gut so. Solange die Menschheit nicht aufwachen will und immer noch im Tiefschlaf sich befindet, wird leider kein Frieden herrschen. Jesus selbst hat gesagt, Es wird die Stunde kommen, da werden sie euch töten und jeder, der tötet, meinen wird, Gott einen Dienst zu erweisen. Dabei kennen sie weder mich (Jesus) noch den Vater. Solange, dass denken die Menschen im Griff hat, wird es nicht gut für die ausgehen.

Die gute Nachricht ist, alles hat mal irgendwann ein Ende und dann kommt der Zahltag. Jesus kommt wieder, das ist so sicher wie die Luft zum Atmen Der König, aller Könige Jesus Christus, der Schöpfer der Erde und des Himmels. Der Anfang und das Ende. Der Friedefürst, der Erlöser und der Retter. Der Richter und der Anwalt. Der Sohn Gottes. Das ist die beste Nachricht und Hoffnung, die jeder Mensch bekommen kann, solange man lebt. Es ist nie zu spät, die

Liebe Gottes anzunehmen, denn Jesus starb für unsere Schuld und gab aus Liebe zu der ganzen Menschheit sein Leben, dass wir Menschen die nicht perfekt sind, gerettet werden, wenn wir auch seine Liebe zu uns annehmen und danach handeln. Ein neues Gebot gebe ich Euch. Liebt einander, daran werden man erkennen können, dass ihr meine(Jesus) Jünger seid! In diesem Sinne wählt klug und weiße, denn es gibt nur eine Wahrheit, und die lautet (Jesus Christus)

Amen!

ENGEL UND SCHUTZENGEL

Heute möchte ich mich mit dem Thema Engel oder auch Schutzengel beschäftigen und mich einfach mal für ihre Arbeit bedanken. Denn jeder Mensch hat Schutzengel die auf einem selbst aufpassen und sie wollen nur das Allerbeste für Dich und Mich. Egal, wo wir hingehen, da sind auch unsere Engel, das steht schon so in der Bibel drin unter anderem Psalm 91 (Gebet) Psalm 91 9-12. denn du sprichst. Der Herr ist meine Zuversicht! Denn höchsten hast du zu deiner Zuflucht gemacht. Kein Unglück wird dir zustoßen und keine Plage zu deinem Zelt sich nahen. Denn er, also der Herr, wird seinen Engeln deinetwegen Befehl gebe, dass sie dich behüten auf allen deinen Wegen. Auf den Händen werden sie dich tragen, damit du deinen Fuß nicht an einem Stein stößt. Das stimmt kann ich zu 100 Prozent sagen. Unsere Engel sind überall und sorgen sich um uns. Sie schenken uns so viel Liebe und kümmern sich, dass alles bei uns glatt läuft und wir ein sehr gutes und angenehmes Leben haben. Leider vergessen wir das sehr oft und nehmen alles für selbstverständlich hin, dabei waren und sind es unsere Engel die sich um alles gekümmert haben, dass unser Leben so gut gelaufen ist. Deshalb finde ich es extrem wichtig sich auch für unsere Schutzengel zu bedanken, denn sie halten alles Schlimme auf und die Geistliche Welt ist ein ständiger Kampf wo wir gar nicht alles mitbekommen. Sie halten die bösen unsichtbaren Mächte auf und beschützen uns immer jede Nacht, wenn wir schlafen, aber auch bei Tag, wenn wir Ärger haben. Ich bin so dankbar, dass sich meinen Engeln so gut um mein Leben kümmern und ich finde es sehr wichtig auch unsere Engel ernst zu nehmen, denn die Leisten die Hauptarbeit in unserem Leben. Man könnte sagen sie organisieren alles und managen unser gesamtes Leben. Wenn wir also um etwas Bitten oder Fragen kümmern sie sich darum. Deshalb ist Bitten und Dankbarkeit das A und O. Alles hat einen Sinn im Leben, es gibt Dinge, die kann man nicht verstehen, deshalb ist es sehr wichtig auf das Ganze in Liebe zu vertrauen und Positiv zu Glauben. Aber man muss

selbst dafür etwas machen und muss jeden Tag selbst eine Beziehung führen und um etwas Bitten und dann auch natürlich bedanken. Denn wir schaffen es nicht alleine unser Leben allein zu meistern, jeder Mensch braucht Hilfe und wenn man Bittet so wird gegeben und wenn man Dankbar ist, zahlt sich, dass doppelt und dreifach aus. Deshalb vielen Dank meine Engel. Ihr seid alle so Wertvoll und mit das Beste was uns Menschen passieren kann. Ihr seid die aller Besten. Es ist so schön, dass es Euch alle gibt. Alles Liebe für Euch und herzlichen Dank für Euer Wirken und Hilfe, die ihr uns jeden Tag gibt. Egal ob wir wach sind oder schlafen. Ihr seid die allerbesten in liebe Simon. Amen. Jetzt gibt es noch Musik für die Seele.

Mein komplettes Selbstvertrauen habe ich durch meine verschiedenen Hobbys geholt. Sie haben mich gestärkt und stets besser gemacht.

Kapitel 5

SO VERLAUFEN MEIN TAGE
MONTAG BIS FREITAG!

1. Beten und Jesus dankbar sein.

2. Lobpreis Musik hören zwischen 30 und 45 Minuten.

3. 3 Psalmen in der Bibel lesen.

4. Freudig zur Arbeit gehen.

5. Statt Zigaretten Pause jeweils 3 bis 5 Minuten ein Lobpreis Lied hören.

6. In der Mittagspause Lobpreis Musik hören ca. 30 Minuten.

7. Weiter freudig arbeiten gehen.

8. Dankbar sein, dass alles gut geklappt hat.

9. 2 bis 3 Stunden Lobpreis und Anbetung. (Gebete und Singen).

10. 2 bis 3 Stunden Zeit andere Sachen zu machen, die einem Spaß machen.

11. Abendmahl machen.

12. Dankbar sein, dass der ganze Tag erfolgreich war und man weiterhin gesund ist.

13. Für meine Freunde und Familie beten.

14. Freudig einschlafen.

MEIN TAG

Ich beginne jeden Morgen nachdem Aufstehen ein Gespräch mit Jesus und bitte ihm, dass er mir seine Kraft in allem gibt und mir hilft, den ganzen Tag durchzustehen. Dazu eine halbe Stunde Musik sprich Lobpreis oder auch Worship Musik. Ist sehr gut für die Seele und der Akku ist sofort wieder aufgeladen. Ein sehr guter Start in den Tag hinein.

Ich freue mich so sehr auf den Tag und lasse mich überraschen was dieser Tag so alles zu bieten hat. Jesus hat den allerbesten und schönsten Plan für meinem Leben man muss ihn nur machen lassen. Ganz wichtig ist es auf seine Gedanken aufzupassen, denn schon in der Bibel steht geschrieben. Sprüche 3: Achte gut auf deine Gedanken, denn sie entscheiden über dein ganzes Leben. Sprich egal was du denkst und aussprichst so wird es geschehen. Egal ob du Negativ oder Positiv denkst. Deshalb denke lieber Positiv und lasse nur Gute Gedanken hinein!

Ich bin mit dem Zufrieden was ich bis jetzt erreicht habe und sehr Dankbar, denn es ist in knapp 40 Jahren sehr viel geworden. Ich bin gesund und meiner Familie und Freunden geht es auch sehr gut!

Behandle deine Mitmenschen wie dich selbst, deshalb sei immer Hilfsbereit und verlange nichts dabei. Mein großes Vorbild ist JESUS. Der hat nie etwas verlangt oder eine Bedingung gestellt. Der hat es einfach gemacht, weil es Richtig ist und hat es mit sehr viel Liebe und Hingabe getan.

Jeden Tag eine Gute Tat. Überrasche Menschen die dir am Herzen liegen und tue ihnen etwas Gutes dabei.

Zuviel Stress tut keinem Menschen gut, wenn man oft den Terminkalender sieht, und tausende von Terminen, dann wird es beim Durchschauen schon ganz schwindelig. Deshalb nicht immer alles voll planen, sondern auch oft ganz spontan etwas machen. Bei Spontane Sachen, kann man seine Kreativität einmal mehr unter Beweis stellen und es passieren die schönsten und besten Erlebnisse.

Ich nehme mir täglich ein bis 2 Stunden Zeit. Nur für mich und tue was mir persönlich gefällt und Spaß macht. Musik wie LOBPREIS läuft dabei immer.

Da ich in verschiedene Chöre singe und mich auch für verschiede Vereine oder Soziale Organisationen engagiere, habe ich natürlich neben dem täglichen Arbeiten ein guter Ausgleich und Balance für das Gleichgewicht. Deshalb kann ich für mich sprechen, wie wichtig es ist noch andere Interesse zu haben und seine Aktivität nachgeht was einem Spaß und Freude bereitet. Denn Erfolg kommt dann, wenn man tut was man liebt.

Jeden Abend bevor ich schlafen gehe, bedanke ich mich bei JESUS, der mir wieder einmal geholfen hat, den ganzen Tag gut zu überstehen. In einem Gebet, bedanke ich mich was alles so gut an diesem Tag war und bete dann für meine Familie und Freunde für Gesundheit und wenn irgendetwas Großes ansteht und es ist etwas wichtiges, dann bete ich dafür, dass alles Gut wird!

MEINE 10 PUNKTE FÜR EIN GLÜCKLICHES UND ERFÜLLTES LEBEN!

1. Beginne deinen Morgen mit Jesus und sag ihm, dass du ihn heute brauchst.

2. Freue Dich auf den Tag! (LACHEN!)

3. Denke immer POSITIV und lasse nur Gute Gedanken zu.

4. Sei immer für das DANKBAR was du hast.

5. Sei immer hilfsbereit und verlange nichts dabei.

6. Tue jeden Tag etwas Gutes und überrasche auch mal jemanden!

7. Sei auch mal ganz spontan und plane nicht die ganze Zeit deinen Termin Kalender voll.

8. Nehme auch für Dich mal ein oder 2 Stunden Zeit am Tag. (LOBPREIS MUSIK!)

9. Suche Dir ein Hobby aus oder engagiere dich Sozial.

10. Bedanke Dich bei Jesus für den tollen Tag bevor du schlafen gehst.

JEDER MENSCH HAT SEINE EIGENE GESCHICHTE UND ERFAHRUNG ZU SCHREIBEN. WAS IST DEINE GESCHICHTE?

Wer bist du und woher kommst du her?

Wohin führt Dich deine Reise?

Was willst du mal später erreichen?

Was erfüllt Dich im Leben?

Was macht dir Spaß und Freude?

Was hast du bisher erreichen können?

Was sind Deine Ziele, Träume und Wünsche?

Was sind Deine Bedürfnisse?

Worauf kannst du im Leben verzichten und worauf nicht?

Was hast du getan um deine Ziele, Wünsche, Träume zu erreichen?

Was bedeutet Erfolg für Dich?

Was inspiriert und treibt Dich im Leben an?

Was bedeutet Glück für Dich?

Was bedeutet Familie und Freundschaft für Dich?

Vor was hast du Angst?

Warum hast du Angst?

Hast du ein Lebens Motto?

Wenn du 3 Wünsche frei hättest, was würdest du dir wünschen?

Glaubst du an Gott (Jesus)?

Wenn du dir ein paar Minuten Zeit für dieses Fragen nimmst, dann bist du schon einen großen Schritt näher.

Ich wünsche Dir viel Erfolg, bei deiner Entdeckungsreise

SPRÜCHE 4 Vers 23:

Mehr als alles andere behüte dein Herz; denn von ihm geht das Leben aus.

SPRÜCHE 3 Verse 5-6:

Vertraue auf den HERRN von ganzem Herzen und verlass dich nicht auf deinen Verstand;

erkenne ihn auf all deinen Wegen, so wird Er deine Pfade ebnen.

PSALM 37 Verse 3-5:

Vertraue auf den HERRN und tue Gutes, wohne im Land und übe Treue;

und habe deine Lust am HERRN, so wird er dir geben, was dein Herz begehrt!

Befiehl dem HERRN deinen Weg, und vertraue auf ihn, so wird er es vollbringen.

2. MOSE 15 Vers 26:

und er sprach: Wenn du der Stimme des HERRN, deines Gottes, eifrig gehorchen wirst und tust, was vor ihm recht ist, und seine Gebote zu Ohren fasst und alle Satzungen hältst, so will ich keine der Krankheiten auf dich legen, die ich auf Ägypten gelegt habe; denn ich bin der HERR, dein Arzt!

1.KORINTHER 6 Vers 12:

Alles ist mir erlaubt- aber nicht alles ist nützlich! Alles ist mir erlaubt – aber ich will mich von nichts beherrschen lassen!

1.THESSALONICHER 5 Verse 15-22:

Seht darauf, dass niemand Böses mit Bösem vergilt, sondern trachtet allezeit nach dem Guten, sowohl untereinander als auch gegenüber jedermann! Freut euch allezeit! Betet ohne Unterlass! Seid in allem dankbar; denn das ist der Wille Gottes in Christus Jesus für euch. Den Geist dämpft nicht! Die Weissagung verachtet nicht! Prüft alles, das Gute behaltet! Haltet euch fern von dem Bösen in jeglicher Gestalt!

JOHANNES 14 Vers 6:

Jesus spricht zu ihm: Ich bin der Weg und die Wahrheit und das Leben; niemand kommt zum Vater als nur durch mich!

JOHANNES 16 Vers 2-3:

Sie werden euch aus der Synagoge ausschließen; es kommt sogar die Stunde, wo jeder, der euch tötet, meinen wird, Gott einen Dienst zu erweisen. Und dies werden sie euch antun, weil sie weder den Vater noch mich kennen.

JOHANNES 13 Verse 34-35:

Ein neues Gebot gebe ich euch, dass ihr einander lieben sollt, damit, wie ich euch geliebt habe, auch ihr einander liebt. Daran wird jedermann erkennen, dass ihr meine Jünger seid, wenn ihr Liebe untereinander habt.

MATTHÄUS 19 Verse 13-15:

Jesus segnet die Kinder

Da wurden Kinder zu ihm gebracht, damit er die Hände auf sie lege und bete. Die Jünger aber tadelten sie. Aber Jesus sprach: Lasst die Kinder und wehrt ihnen nicht, zu mir zu kommen; denn solcher ist das Reich der Himmel! Und nachdem er ihnen die Hände aufgelegt hatte, zog er von dort weg.